国无德不兴
人无德不立

——习近平

干部政德教育
现场教学讲解词

济宁干部政德教育学院 编

齐鲁书社

序

认真汲取中华优秀传统文化的思想精华和道德精髓

2013年11月，习近平总书记在山东视察孔子研究院时强调，“国无德不兴，人无德不立”，要求大力弘扬中华优秀传统文化，教育引导干部从思想上正本清源、固本培元，筑牢思想道德防线。2014年2月，习近平总书记在中共中央政治局集体学习时指出，要认真汲取中华优秀传统文化的思想精华和道德精髓，深入挖掘和阐发中华优秀传统文化讲仁爱、重民本、守诚信、崇正义、尚和合、求大同的时代价值，使中华优秀传统文化成为涵养社会主义核心价值观的重要源泉。党的十九大对坚定文化自信、推动社会主义文化繁荣兴盛作出重大部署，提出要坚持创造性转化、创新性发展，不断铸就中华文化新辉煌。2018年6月，习近平总书记再次视察山东时要求，要用历史文化和革命文化资源来加强干部队伍建设，努力培养更多好干部。

山东济宁是儒家文化的发源地和中华文明的重要发祥地，是孔子、孟子、颜子、曾子、子思子的故乡，曲阜及周边地区一直传承发展着优秀传统文化。近年来，山东深入学习贯彻习近平新时代中国特色社会主义思想和视察山东重要讲话、重要批示精神，在中央有关部门的有力指导和大力支持下，充分发挥济宁传统文化资源优势，着力建设干部政德教育基地，不断提升教学质量，取得了较好效果。

经过探索实践，目前已初步形成了课堂教学、现场教学、体验教学、礼乐教学“四位一体”的干部政德教育教学模式。在教学实践中坚持继承和创新相结合，把系统的理论讲授、启发式的情感熏陶有机结合起来，做到以理服人、以情感人，努力运用优秀传统文化涵养干部政德。

在现场教学方面，以儒家思想的起源、发展和现代应用为脉络，依托周公庙、孔庙、孔府、孔林、颜庙、孟庙、孟府、曾庙、武氏祠、孔子研究院等资源，开发了30余处现场教学点。编印《干部政德教育现场教学讲解词》，结合实情实景实物，把儒家倡导和推崇的“为政以德，譬如北辰，居其所而众星共之”“我善养吾浩然之气”“知者自知，仁者自爱”“士不可以不弘毅，任重而道远”“博学之，审问之，慎思之，明辨之，笃行之”等思想，用鲜活的语言表达出来，与时代价值结合起来，有利于帮助干部学习吸收中华优秀传统文化的思想精华和道德精髓，以学养德、以史增德、以才践德，增强综合素质，打牢从政之基。

希望《干部政德教育现场教学讲解词》这本书，能够给广大读者以思想上的启迪、启发，在熏修党性、固本培元、正心明道、涵养政德等方面发挥积极作用，在巩固文化软实力、增强文化自信方面发出正能量，为培养忠诚干净担当的干部队伍尽绵薄之力。

杨东奇

二〇一八年六月

目 录

颜庙现场教学讲解词

孟庙、孟府现场教学讲解词

曾庙现场教学讲解词

武氏祠现场教学讲解词

附 录

孔子研究院现场教学讲解词

孔子研究院

重点讲解习近平总书记视察孔子研究院讲话精神

2013 年 11 月 26 日，习近平总书记在山东视察济宁期间，专程在孔子研究院召开座谈会，与专家学者座谈并发表重要讲话。座谈会就是在这间摆设布局非常简单的会议室召开的。这里原本是一个临时存放物品的房间，当时想铺一下地毯、粉刷一下墙壁，但被中办工作人员制止，说只要打扫干净就行了。在做接待准备工作时，我们还想把院子里几个牌坊上有些黯淡模糊的字描红一下，中办工作人员也没有同意，要求保留原貌。

《论语》中关于道德风气的形成有一句话：“君子之德风，小人之德草，草上之风，必偃。”君子的道德就像风，老百姓的道德就像草，风往哪个方向吹，草就往哪个方向倒。君子的道德，不仅是个人的修身问题，还能够影响社会、带动他人。从这次活动安排中几个小小的细节，我们就深刻感受到了以习近平同志为核心的党中央求真务实、严于律己的工作作风，这也影响带动了各级干部道德素养和全社会风气的提升，起到了引领风尚的作用。

那么，从总书记的座谈讲话中，我们又能够解读到什么呢？

第一，总书记在座谈讲话中，向全社会传递了一个重要信息——

要大力弘扬中华优秀传统文化。总书记走进这间会议室，与专家学者一一握手，坐下来说，他到曲阜、到孔子研究院，就是要发出一个信息——为了体现中央高度重视传统文化，为了弘扬传统美德。听完几位专家学者的发言，总书记作了约40分钟的重要讲话。座谈结束后，大家纷纷起立，总书记一边起身，一边又再次强调，要大力弘扬中华优秀传统文化。

正如总书记所说，他在孔子研究院，发出了一个明确的、重要的信息：中华民族创造了源远流长的中华文化，中华民族也一定能够创造出中华文化新的辉煌。我们党要继承和弘扬中华优秀传统文化，树立时代新风，振奋民族精神，提高文化软实力。他强调，国无德不兴，人无德不立，并提出要在曲阜建设弘扬优秀传统文化的“首善之区”，用儒家传统道德精华推进社会文明建设。

第二，总书记在座谈讲话中，充分肯定了儒家思想在中华文化发展中的重要地位和作用。总书记指出，孔子及儒家思想是中华传统文化的重要组成部分，在中国历史上发挥了极为重要的作用。总书记在座谈时，连续引用了十多句孔子名言，如“礼之用，和为贵”“为政以德”“见贤思齐焉，见不贤而内自省也”“德不孤，必有邻”“己所不欲，勿施于人”等等，显示了对传统文化的熟悉程度和理解深度。总书记在国际国内很多场合，对中国名言典故可以说是信手拈来、运用自如，体现了总书记对中国传统文化的学知、认同和自信。

第三，总书记在座谈讲话中，强调指出了弘扬优秀传统文化的根本原则和途径。一是要坚持马克思主义的指导地位。毛泽东同志说：“今天的中国是历史的中国的一个发展”，“从孔夫子到孙中山，我们应当给以总结，承继这一份珍贵的遗产”。总书记进一步指出，

孔子研究院会议室内景

对待孔子、儒学和传统文化的研究，要坚持马克思主义的方法、态度，进行借鉴和扬弃。二是要坚持创造性转化和创新性发展。总书记强调，要以时代精神激活优秀传统文化的生命力，弘扬传统文化中最优秀、最精华的东西，促进社会主义核心价值体系建设。对传统文化的研究和传承，要起到引领风尚、服务社会、推动发展的作用。三是要加强交流互鉴。总书记指出，这几年，世界“孔子热”经久不衰。我们国家的文化软实力增强了、话语权提升了，儒家文化、中华传统文化有了影响力，要因势利导、深化研究，使我们在世界儒学传播和研究中始终居于主动、保持充分话语权。要讲好中国故事，像孔夫子一样，针对不同对象，因材施教，以能引起共鸣的多样化方式，传播好中国声音。

总书记的这次重要讲话，从治国理政的高度拉开了大力弘扬优秀传统文化的序幕。离开曲阜后，总书记又在纪念孔子诞辰2565周年国际学术研讨会、联合国教科文组织总部演讲等重要场合和重大活动中多次发表重要讲话，逐步深入、系统地阐释了我们党的文化战略。特别是在庆祝建党95周年大会上，总书记作出了坚定道路自信、理论自信、制度自信、文化自信“四个自信”的重大论断，标志着我们党对中华文化的认识达到了新的高度。2017年1月，中办、国办印发了《关于实施中华优秀传统文化传承发展工程的意见》，为弘扬优秀传统文化绘制了“路线图”，以切实举措和实际行动，推动中华优秀传统文化的传承和发展。党的十九大更是强调指出，我们党既是中国先进文化的积极引领者和践行者，又是中华优秀传统文化的忠实传承者和弘扬者，当代中国共产党人和中国人民应该而且一定能够担负起新的文化使命，在实践创造中进行文化创造，在历史进步中实现文化进步！

孔子研究院大门

小资料

孔子研究院

孔子研究院坐落于曲阜市中心，孔庙、孔府正南约1公里处，是1996年经国务院批准设立的唯一一所专门研究孔子及儒家思想的机构，集学术研究、学术交流、文献收藏、人才培养、博物展览等功能于一体，以建设世界儒学研究交流中心为发展目标。研究院由两院院士吴良镛先生设计，占地150亩，建筑面积4.6万多平方米。

建院20多年来，先后承担国家社会科学基金项目和省部级重点课题数十项，编纂出版各类学术专著、丛书60余部，连续成功举办了七届世界儒学大会和六届“孔子文化奖”评选活动，创办了公益性文化交流平台——“春秋讲坛”，与中国台湾中华大成至圣先师孔子协会等20多个国（境）内外文化机构、高校建立了长期友好合作关系。2013年11月26日，习近平总书记视察孔子研究院，主持召开专家学者座谈会并发表重要讲话，提出要大力弘扬中华优秀传统文化的重大命题。

周公庙元圣殿

重点讲解周公治国理政思想

周公庙的主体建筑是元圣殿，大殿之中供奉的就是“元圣”周公。

今天，我们站在元圣殿前，也许大家会有这样的问题：周公的主要思想及其贡献是什么呢？他和后世的儒家之间又有什么关系呢？大殿之中有这样一副对联，应该是对以上问题最好的回答。上联是“官礼功成宗国馨香传永世”，赞扬了周公为周王朝的巩固与统一创建了一套礼乐制度，因而留下了名垂青史的不朽功绩。下联是“图书象演尼山统绪本先型”，赞扬了周公对中国古代文献，尤其是对《易象》的继承和传播做出了重要贡献，对以孔子为代表的儒家思想的形成提供了重要的理论基础。

第一，周公是系统阐释民本、德治思想的第一人。西周建立初期，为了实现周王朝的长治久安，维护政权稳定，周公汲取商朝灭亡的历史教训，鲜明地提出了“敬德保民”和“明德慎罚”的思想，主张对社会实施“德治”管理。在周公看来，上天不再按照自然法则来安排人世间的政权，而是“天视自我民视，天听自我民听”“民之所欲，天必从之”，强调为政者的道德修养和对民众的关爱保护，才是上天选择辅佐的标准和依据。要想江山永固，就必须“敬德保民”。“慎

周公庙元圣殿

罚”是说统治者对于刑罚的使用要慎重，要明德治民。而“明德”“保民”“勤政”“尚贤”“慎罚”等这些德治理念，这种“天民合一”的天命观，被后来的儒家所继承，并由此为中国创立了一个源远流长的“民本”思想传统。

第二，周公是礼乐文明的奠基人，开创了世界独具特色的文明类型。为了把“敬德保民”“明德慎罚”等思想落到实处，周公制定了一整套的礼乐制度，史称“周公制礼作乐”。“礼”强调的是“秩序”，要解决的核心问题是天、地、人各安其位；“乐”强调的是“和顺”，要解决的问题是人心的归属。礼别异，乐和同，“乐至则无怨，礼至则不争”，最终在社会治理上实现一种有序与和谐的统一。

周公的礼乐教化思想，实现了社会治理由“神本”到“人本”的实质性飞跃，具有划时代的伟大意义。他对商代祭祀文化的“礼”做了全新的阐释，把殷商时期那种沟通人神的祭祀礼仪转化成一种约束引导人们行为的礼仪和礼俗，发展成为极具人文主义色彩的“礼乐教化”思想，实施礼乐治国方略，开创了周王朝八百年基业，而且奠定了后世儒家学派的精神气质和价值取向。

第三，周公思想是孔子及后世儒家思想的源头活水。孔子所创立的儒家学派，上承夏、商、周以来的文化传统，在精神上与周公相融相通，在思想上与周公相承相续。《淮南子·要略》中这样说：“孔子修成康之道，述周公之训，以教七十子，使服其衣冠，修其篇籍，故儒者之学生焉。”可以这样说，儒者之学是由继承文武周公的王道政治传统而产生的，周公之道是儒者之学的根源。而由周公开启的民本、德治、礼乐等思想，影响中国后世三千多年，这些思想对于今天我们治国理政而言，仍有着重要的启发和教育意义。

小资料

周公庙元圣殿

周公庙位于曲阜市城区东北方向，距孔庙、孔府约2公里，占地40余亩。西周初年，周公被分封于鲁，但周公留佐成王，故长子伯禽就封，建鲁国。因周公佐周之殊功，特许其子伯禽于鲁设立太庙（即曲阜周公庙），以祀远祖。北宋大中祥符元年（1008年）追封周公为“文宪王”，在太庙旧址重建新庙，后经元、明、清多次修建，形成现今规模。

元圣殿是周公庙的主体建筑，殿阔5间，进深3间，建于砖石台基之上。大殿屋顶覆绿琉璃瓦，殿内正中有木雕神龛一座，内有周公塑像，像高 2.6 米，头戴十二冕旒，身穿十二章青袍盘龙服，牌位刻“元圣周公文宪王之神位”。神龛上方悬“明德勤施”横匾，两旁金柱挂木雕对联一副，均为乾隆皇帝手书。东山墙西向有神龛一座，内塑周公之子伯禽塑像。西山墙东向有金人站像一尊。此殿于 1953 年重建，塑像在“文革”期间被毁，1985 年重塑。

周公庙现场教学讲解词

周公庙《金人铭》碑

重点讲解周公修身智慧

《金人铭》相传成于西周初期，为周公诫子之铭文。《金人铭》碑立于1840年，由当时曲阜举人、时任内阁中书的孔子第七十二代孙孔宪彝书写。碑文为柳公权体，笔墨遒劲、俊朗而有韵味。碑文的内容除了周公训诫其子伯禽的铭文外，还记载了孔子当年观看《金人铭》的情况。孔子读完这段铭文回头对弟子们说："你们记住这些话，这些话实在中肯、合情可信。"铭文内容是周公对人生的感悟，也是周公从政的切身经验，体现了周公的修身从政智慧。主要有以下几点：

第一，要谨言慎行。碑文说："无多言，多言多败；无多事，多事多患。"说话、做事都要谨言慎行，否则就可能导致失败，甚至出现祸患。对这些做人处事的哲理，孔子也主张"敏于事而慎于言"，痛斥"巧言令色"之徒。子曰："多闻阙疑，慎言其余，则寡尤；多见阙殆，慎行其余，则寡悔。言寡尤，行寡悔，禄在其中矣。"多听，有疑惑的地方暂且搁置，谨慎地说出其余确定的，就会减少言语上的过失；多看，有疑惑的地方暂且回避，然后谨慎地去做其余有把握的，就能减少行动上的懊悔。言语上减少过失，行动上减

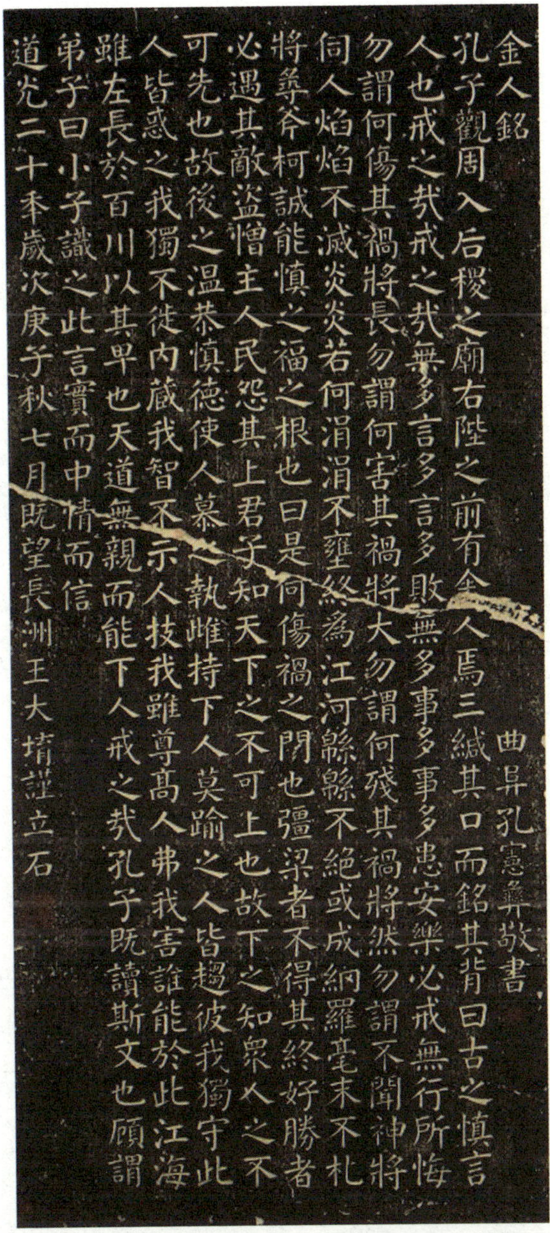
金人銘
曲阜孔憲彝敬書
孔子觀周入后稷之廟右陛之前有金人焉三緘其口而銘其背曰古之慎言
人也戒之哉戒之哉無多言多言多敗無多事多事多患安樂必戒無行所悔
勿謂何傷其禍將長勿謂何害其禍將大勿謂何殘其禍將然勿謂不聞神將
伺人焰焰不滅炎炎若何涓涓不壅終爲江河綿綿不絕或成網羅毫末不札
將尋斧柯誠能慎之福之根也曰是何傷禍之門也彊梁者不得其終好勝者
必遇其敵盜憎主人民怨其上君子知天下之不可上也故下之知衆人之不
可先也故後之溫恭慎德使人慕之執雌持下人莫踰之人皆趨彼我獨守此
人皆惑之我獨不徙內藏我智不示人技我雖尊高人弗我害誰能於此江海
雖左長於百川以其卑也天道無親而能下人戒之哉孔子既讀斯文也顧謂
弟子曰小子識之此言實而中情而信
道光二十年歲次庚子秋七月既望長洲王大堉謹立石

周公庙《金人铭》碑

少懊悔，官职俸禄就在其中了。这里有两层意思：一是不要说不该说的话，不要做不该做的事。所以，孔子说："非礼勿视，非礼勿听，非礼勿言，非礼勿动。"第二层意思是少说空话、多干实事。当孔子到鲁太庙祭拜周公时，看到金人背后的铭文深受启发，他这样说："君子欲讷于言而敏于行。""巧言令色，鲜矣仁。"即君子说话要谨慎而行动要敏捷，花言巧语，装出和颜悦色的样子，这种人的仁心就很少了。

第二，要防微杜渐。碑文说："焰焰不灭，炎炎若何。涓涓不壅，终为江河。绵绵不绝，或成网罗。毫末不札，将寻斧柯。"小小的火苗不及时扑灭，等火势大了，还怎么去扑救；细小的溪流没有阻塞，最终将汇成江河；微小的东西如果连续增加，将来也可能成为一张大网；细小的恶苗不及时拔掉，将来只能用斧头来清除它。《韩非子·喻老》中讲："千丈之堤，以蝼蚁之穴溃。"《尚书》中说："不矜细行，终累大德。"大必起于小，多必起于少。人生的祸患常发乎其微，"针大的窟窿斗大的风"。所以，为官须见微知著，防微杜渐；勿以善小而不为，勿以恶小而为之；去小恶以保本真，积小善以成大德。

第三，要淡泊名利。碑文说："人皆趋彼，我独守此。人皆惑之，我独不徙。"人常争名逐利，我却独守原则；人们对这种行为都疑惑不解，我却坚定不疑。诸葛亮在《诫子书》中说："非淡泊无以明志，非宁静无以致远。"要做到心不动于微利之诱，目不眩于五色之惑，少一点私欲，不取不义之财，不图非分之想，无浮躁之举，有平静之心。

第四，要虚怀若谷。碑文说："江海虽左，长于百川，以其卑也。"江海之大，是因它处在低位，能容百川。这就是我们常说的"海纳百川，有容乃大”。“君子知天下之不可上也，故下之。知众人之不可先也，故后之。”君子知道天下的事不可事事争上，所以谦恭居下；知道不可居于众人之先，所以虚心在后。《易经》中说“地势坤，君子以厚德载物”，君子应该像大地一样，有宽广的胸怀，能容纳一切。身安不如心安，屋宽不如心宽。

以上这些，就是《金人铭》所体现出的周公修身从政的智慧。当然，不同的人来读这段铭文，会有不同的感触。但是，相信有一点是共同的，那就是，我们都要做道义上应该做的事情，要做一个谦和有胸怀的君子。

小资料

周公庙《金人铭》碑

周公庙元圣殿院内甬道两侧排列着13通石碑，西排南起第一通石碑名为《金人铭》碑。相传，周公之子伯禽就封鲁国时，周公亲撰《诫伯禽书》，告诉他要谦虚谨慎，但周公恐其有失，亲书铭文于老管家金人的背上，并叮嘱金人要让伯禽随时观看，以免忘记自己的训诫。《诫伯禽书》和《金人铭》既是周公嘱其子伯禽处事的铭言，也是周公从政的切身经验。现立于周公庙的《金人铭》碑由孔子第七十二代孙孔宪彝书写。

《金人铭》碑文：

古之慎言人也。戒之哉！戒之哉！无多言，多言多败；无多事，多事多患。安乐必戒，无行所悔。勿谓何伤，其祸将长；勿谓何害，其祸将大；勿谓何残，其祸将然；勿谓不闻，神将伺人。焰焰不灭，炎炎若何。涓涓不壅，终为江河。绵绵不绝，或成网罗。毫末不札，将寻斧柯。诚能慎之，福之根也。曰是何伤，祸之门也。强梁者不得其终，好胜者必遇其敌。盗憎主人，民怨其上。君子知天下之不可上也，故下之。知众人之不可先也，故后之。温恭慎德，使人慕之，执雌持下，人莫踰之。人皆趋彼，我独守此。人皆惑之，我独不徙。内藏我智，不示人技。我虽尊高，人弗我害。谁能于此？江海虽左，长于百川，以其卑也。天道无亲，而能下人。戒之哉！

孔庙、孔府、孔林现场教学讲解词

孔庙万仞宫墙

重点讲解孔子及儒家思想

矗立在我们面前的是曲阜明故城正南门，原名“仰圣门”。1748年，清乾隆皇帝亲临曲阜祭孔时，为表示对孔子的尊崇，亲笔书写了现在我们看到的“万仞宫墙”四个大字。

为什么称之为“万仞宫墙”呢？在古代，“仞”是一个长度单位，周朝时8尺为1仞，相当于现在的1.6米左右。“万仞宫墙”取自《论语·子张》中“夫子之墙数仞”的语义。这里有一段故事：鲁国的大夫叔孙武叔有一次在朝堂上对大夫们说：“孔子弟子子贡的学问博大精深，比他老师孔子还要强。”子贡听说这话以后，不以为然，于是，他就打了个比喻说：“譬之宫墙，赐之墙也及肩，窥见室家之好。夫子之墙数仞，不得其门而入，不见宗庙之美，百官之富。”在子贡看来，人的学问就好比一堵墙，我这堵墙高度不过一仞，而我老师的学问，他的那堵墙可有数仞之高。言下之意，孔子的思想、学问、境界极其高深，如果不能得其门而入，就无法领会到孔子思想的深刻内涵。所以“万仞宫墙”，其实就是孔子思想博大精深的象征。

那么，孔子的主要思想又是什么呢？孔子在世时就被尊奉为“天纵之圣”“天之木铎”，去世后被后世尊为“大成至圣文宣王”“至

孔庙万仞宫墙

圣先师”“万世师表”。他开创、阐述了博大精深的儒家思想价值体系，其思想的核心就是“仁”。

具体来说，在伦理思想上，孔子主张孝悌为人伦之本，“爱由亲始”“推己及人”“泛爱众”，直至仁爱天地间的万事万物；在为政思想上，孔子提倡德治仁政，重视为政者德行的示范引领，提出“为政以德，譬如北辰，居其所而众星共之”；在教育思想上，孔子注重启发民智，首创私学，打破了贵族对教育的垄断，提出了“有教无类”“因材施教”的教育理念，培养弟子三千、贤者七十二；在哲学思想上，孔子倡导中庸之道，视中庸为至德，提出要把握“允执其中”的原则，进而做到“无过、无不及”。

孔子所创立的儒家思想，几千年来教化、哺育着中华民族，成为中国人精神与信仰的文化支撑。现代儒学宗师柳诒徵评价说：“孔子者，中国文化之中心也。无孔子则无中国文化。自孔子以前数千年之文化，赖孔子而传；自孔子以后数千年之文化，赖孔子而开。”

今天，我们此行的目的和意义又在于什么呢？2013年11月26日，习近平总书记视察济宁，在孔子研究院召开座谈会并发表重要讲话，强调：“国无德不兴，人无德不立。”就此传递出了一个非常明确的信息：要大力弘扬优秀传统文化！他指出：“中国优秀传统文化的丰富哲学思想、人文精神、教化思想、道德理念等，可以为人们认识和改造世界提供有益启迪，可以为治国理政提供有益启示，也可以为道德建设提供有益启发。”2018年3月10日，习近平总书记在全国“两会”上强调，领导干部要讲政德，政德是整个社会道德建设的风向标。立政德，就要明大德、守公德、严私德。2018年6月，习近平总书记视察山东时又指出，要用历史文化和革命文化资源来加强干部队伍建设，努力培养更多好干部。这些都为我们如何继承和弘扬优秀传统文化、从延续民族文化血脉中开拓前进指明了方向。而这也正是我们开展干部政德教育的指导思想和最终目的之所在。

今天，我们的“三孔”现场教学部分为大家安排了儒家和谐思想、中庸思想、学习思想、仁爱思想、孝道思想、家风家教、廉政思想以及儒家人生哲理等内容。下面就让我们一起穿过这道万仞宫墙，一起走近孔子，感悟圣贤智慧！

小资料

孔庙万仞宫墙

孔庙位于曲阜市中心鼓楼西侧300米处，是我国历代封建王朝祭祀春秋时期思想家、政治家、教育家孔子的庙宇，始建于鲁哀公十七年（公元前478年），历代增修扩建。现存建筑群大部分是明、清两代完成的，占地300余亩，前后九进院落。庙内有殿堂、坛阁和门坊等460多间，是一组极具东方建筑特色、规模宏大、气势雄伟的古代建筑群。

万仞宫墙，原名仰圣门，它既是明、清时期曲阜县城的正南门，也是孔庙的大门。宋大中祥符五年（1012年），改曲阜县名为“仙源县”，迁治所于寿丘，孔庙与县城分离，失去保护。明正德七年（1512年），刘六、刘七领导的农民起义军占据孔庙，“秣马于庭，污书于池”，引起朝野震惊。明武宗下令建城卫庙，以孔庙、孔府为中心修筑了明曲阜城墙。新城于明嘉靖元年（1522年）竣工，其南门同时作为孔庙的大门，建有高大的城门楼，外圆内方，即现在的万仞宫墙。原“仰圣门”石额移镶于城北门上。

孔庙、孔府、孔林现场教学讲解词

孔庙太和元气坊

重点讲解儒家和谐思想

在我们面前的这座坊称为“太和元气坊”，建于明嘉靖二十三年（1544年）。坊额上“太和元气”这四个字是明朝进士、时任山东巡抚曾铣手书。那么，“太和元气”指的是什么呢？古代“太”与“大”相通，“太和”就是“大和”的意思。什么是“元气”呢？“元气”是指产生和构成天地万物的原始物质。“太和元气”就是指天地、日月、阴阳汇合之气能够和谐统一地相融在一起。这正是世间万物生长的至高境界。在孔庙中建造此坊，就是意喻孔子的思想达到了一种至善至美的大和境界。“和”的思想正是这座坊所代表的精神实质之所在。

自古以来，中华民族就崇尚“和”文化，主张“为政仁和”“为人谦和”“民风纯和”“家庭和睦”。《论语》讲：“礼之用，和为贵。先王之道，斯为美。”可以说“和”始终是中华民族的精神追求，是中国传统文化的精髓所在。那么，儒家的和谐思想主要体现在哪些方面呢？

第一，在国家伦理上，儒家主张“协和万邦”。《尚书·尧典》中说：“克明俊德，以亲九族。九族既睦，平章百姓。百姓昭明，协和万邦。”

孔庙太和元气坊

就是说，社会管理者若能发扬大德使家族和睦，进而辨明其他各族事宜，天下民众就能更加友好和睦。中华民族历来是一个爱好和平的民族，自古就推崇“协和万邦”“亲仁善邻”“四海之内皆兄弟也”。“协和万邦”成为后世中国人处理民族关系和国际关系的指导性方针。儒家把“化干戈为玉帛”作为处理国与国之间矛盾的基本原则，反对“以邻为壑”，认为“合则两利，分则两损”。我们一贯奉行的“和平共处五项原则”，就是儒家“协和万邦”思想的较好体现。

第二，在家庭伦理上，儒家主张“家和万事兴”。《礼记·礼运》中说：“父子笃，兄弟睦，夫妇和，家之肥也。”父子相互笃爱，兄弟之间和睦相处，夫妻和谐幸福，是家庭的大幸。重视家庭和亲情的和谐是中国文化的优良传统。儒家的家庭伦理观特别强调个人对家庭其他成员和整个家庭、家族所负有的责任，以自觉主动承担对对方的责任为美德。孔子说："仁者，人也，亲亲为大。""仁"的发端、起点，就源于血缘亲情的爱心，具体说就是父慈子孝、兄友弟恭、夫妻相敬，俗话说就是"家和万事兴"。

第三，在人际伦理上，儒家主张"君子和而不同"。《论语 · 子路》中说："君子和而不同，小人同而不和。"在现实生活中，妥善处理好个人与他人的关系，是儒家十分关注的问题。在处理个人与他人的关系时，孔子讲："君子矜而不争，群而不党。"孟子讲："天时不如地利，地利不如人和。"儒家认为自我的价值实现，离不开个体与生存环境、与天地人物我的和谐相处。

当然，儒家在强调"和"的同时，也承认并尊重"异"。孟子说，"夫物之不齐，物之情也"。儒家"求同存异"的思想，为维护世界文明的多样性，实现不同文明之间的平等交流与对话，提供了理论支撑。文明因交流而多彩，因互鉴而丰富。有鉴于此，我们提出了推进"一带一路"和"构建人类命运共同体"的倡议。2017 年 3 月 17 日，联合国安理会一致通过了 2344 号决议，把推进"一带一路"和"构建人类命运共同体"写入联合国决议，彰显了中国理念和中国方案对全球治理的重要贡献。

小资料

孔庙太和元气坊

太和元气坊位于孔庙第一道大门棂星门北侧，建于明嘉靖二十三年（1544 年），石质牌坊，造型与"金声玉振"坊相同，为三间四柱冲天式，高 5.6 米，宽 13.5 米。柱为八角形，前后抱鼓石夹抱，柱头为仰莲座，柱顶有圆雕鳞甲独角兽“辟邪”一只，俗称“朝天吼”。明间额坊稍高，两次间额坊对称递减，平钑云龙图案。额坊均覆盖悬山顶，整石刻成瓦垄形，有脊无吻。“太和元气”四字为时任山东巡抚曾铣手书。

孔庙、孔府、孔林现场教学讲解词

孔庙大中门

重点讲解儒家中庸思想

现在我们看到的这座建筑叫“大中门”。这个门原是金代孔庙的大门。“大中”是赞扬孔子和儒家的“中庸之道”，在“中”之前加“大”，是将中庸提升到更高位置，更加推崇以中为大，弘扬中庸之道。

中庸思想是中华民族十分古老的哲学思想，历来为先哲圣贤所认同和赞誉。孔子将其继承和发展，把“中庸”视为至德，子曰：“中庸之为德也，其至矣乎！”毛主席曾评价说，中庸“是孔子的一大发现，一大功绩，是哲学的重要范畴”。但现在，还有人把中庸理解为折中主义、不讲原则、“和稀泥”等。其实，这是他们没有弄明白中庸的真实含义，明显是对中庸的严重误读和曲解。

那么，到底什么是中庸呢？《中庸》开篇就讲“喜怒哀乐之未发，谓之中；发而皆中节，谓之和。中也者，天下之大本也；和也者，天下之达道也。”所谓中庸，即用中、平常用中，一般来说主要包含三层含义：

第一是“度”。就是适度、有分寸。孔子说“执其两端，用其中于民”，就是把握好两个极端，在这之间选取适中的方式来治理百姓，不要超出“两端”这个度。过犹不及，做过头和做不到，同样都不可取、都

孔庙大中门

达不到目的。老子讲的物极必反，说的也是这个道理，凡事不能走极端，既要反对“左”，也要反对右。

第二是“时”。就是与时俱进、与时偕行。我们刚才走过的“圣时门”就是赞扬孔子“圣之时者也”。《中庸》讲：“君子中庸，小人反中庸。君子之中庸也，君子而时中。”意思是君子之所以中庸，是因为君子随时做到适中，无过、无不及。所谓“时中”，就是要“合乎时宜”“以时而中”，依时随势变通，也就是我们所说的权变思想。

第三是“和”。就是和谐、中和。《中庸》讲：“致中和，天地位焉，万物育焉。”意思是达到“中和”的境界，天地便各安其位，万物便生长繁育。所以，“和”是中庸的最高境界和追求的终极目标，也是“时中”的必然结果。

儒家中庸之道，蕴含着极其高明的智慧。在今天，对我们如何处理人与自然、人与人以及人与自我身心的各种关系，仍有很强的现实指导意义。儒家追求“天人合一”，强调敬天顺天以达到人与自然的融合统一；儒家追求“人我合一”，强调推己及人以达到人与人的和谐共处；儒家追求“欲理合一”，强调通过修身养性促进人的自我身心协调平衡。

那么，如何才能做到“中庸”呢？《中庸》讲：“诚者，天之道也；诚之者，人之道也。”这就告诉我们，“诚”是上天运行的法则，而追求“诚”是做人处事的原则。《中庸》还讲：“自诚明，谓之性；自明诚，谓之教。诚则明矣，明则诚矣。”“诚”是儒家为人之道、立身之本。做到“诚”，才能顺从天性，从容间便可符合中庸之道。也就是说，做到“诚”才能使人保持中庸。这就需要我们加强修养，砥砺品行，始终“择善而固执之”，做一个“至诚”之人。

由此我们可以看出，中庸之道作为儒家最高的道德标准和行为准则，处处闪烁着智慧的光芒，虽历经岁月的洗礼，在今天依然有着鲜活的时代价值。

小资料

孔庙大中门

大中门是孔庙的第四道大门，始建年代不详，宋元时期为孔庙的正门，明弘治年间曾重修，清代重建，门上“大中门”匾额系乾隆皇帝题写。该门原名“中和门”，后改为“大中门”，门高 9.5 米，宽 20 米，进深 7.5 米，单檐悬山顶，绿琉璃瓦覆顶，五檩三柱分心式木架，檐下、脊檩下均施一斗三升斗拱。

孔庙、孔府、孔林现场教学讲解词

孔庙杏坛

重点讲解儒家学习思想

杏坛这个称谓最早出自《庄子·渔父》:“孔子游乎缁帷之林,休坐乎杏坛之上。弟子读书,孔子弦歌鼓琴。”宋天禧二年(1018年),孔子第四十五代孙孔道辅监修孔庙时,专门在孔庙院落内“除地为坛,环植以杏”,名曰“杏坛”,以此纪念并彰显孔子作为伟大教育家的历史贡献。从此,“杏坛”成为设坛兴教的象征。今天,我们伫立在杏坛旁,能从儒家有关学习的思想智慧中得到什么启示和感悟呢?

第一,儒家特别强调学习的重要性。孔子说:“生而知之者,上也;学而知之者,次也;困而学之,又其次也;困而不学,民斯为下矣。”“生而知之”的天才孔子强调“我未之见也”。对于常人而言,更多的还是“学而知之”和“困而学之”。孔子还讲“唯上智与下愚不移”,意思是除了上等的天才与下等的愚人外,都是可以通过学习来改变自己的。所以,以孔子为代表的儒家特别重视学习,认为学习可以改变命运。打开《论语》,可以发现里面谈论学习的地方特别多,开篇就是我们最熟悉的那句话:“学而时习之,不亦说乎?”孔子还说:“十室之邑,必有忠信如丘者焉,不如丘之好学也。”

孔庙杏坛

孔子学习甚至到了“发愤忘食，乐以忘忧，不知老之将至”的程度。我们现在普遍赞颂孔子道德高尚，但是让孔子觉得最自豪的还是他好学的品质。

第二，儒家学习的目的是什么。与佛家的“出世”和道家的“隐世”不同，儒家倡导积极“入世”，以天下为己任。所以，儒家学习的目的，就在于“进德”“修业”，进而实现“内圣”“外王”。对此，儒家经典《大学》做了精辟的概括：“大学之道，在明明德，在亲民，在止于至善。”儒家强调的“大学”，是大人之学、君子之学，是走向人生大道的学问。学习的目的在于塑造君子人格，也就是我们常说的“成人之学”，即成为品德高尚的人，这就是“进德”，最终达到“内圣”；所谓“修业”就是“君子谋道不谋食”，不是为了一己谋生，而是为天下人谋生，建功立业，治国安邦，最终实现

“外王”。用我们现在的话说，学习的目的就是修养自己、治理社会、执政为民，谋民生福祉。

第三，儒家学习的内容是什么。孔子编“六经”，儒家弟子的教材就是《诗》《书》《礼》《乐》《易》《春秋》。首先学习基本的生活技能、礼节、常识，从具体的行为训练着手，从而形成良好的生活习惯。到了成人阶段就开始学习“穷理、正心、修己、治人之道”，树立正确的世界观、人生观、价值观，修养自己，为他人树立榜样。在孔子看来，“六经”蕴藏着修身正己、治国理政的思想智慧，学习好“六经”是“任重而道远”的儒家弟子们的必修课。

第四，儒家学习的方法是什么。子曰：“学而不思则罔，思而不学则殆。”强调的就是要带着问题学，结合实际思考，做到学思结合。“学而时习之，不亦说乎？”强调的就是学习要运用于实践，做到学用结合。博学之、审问之、慎思之、明辨之、笃行之，学思结合、学用结合，进而达到知行合一。这就是儒家一条完整的学习路径，这也是一个不断自我完善和提升的过程。

荀子在《劝学》中讲：“吾尝终日而思矣，不如须臾之所学也。”前有古人的劝学篇，今有总书记新时代的劝学篇。习近平总书记强调指出，学习是克服“本领恐慌”的最有效的途径，中国共产党人依靠学习走到今天，也必然要依靠学习走向未来。

小资料

孔庙杏坛

杏坛位于孔庙核心建筑大成殿南侧，由一座高台和建于高台之上的亭子组成，周围环植以杏树，故曰“杏坛”。杏坛是纪念孔子讲学的地方，高 12 米，阔 7.5 米，平面呈正方形，四面敞开。屋盖为十字结脊，四面歇山，重檐，亭内上下檐均用天花。杏坛内现有石碑两通，面西一碑为金代文人党怀英篆书“杏坛”二字，由孔子第五十一代孙孔元措立石；面南一碑为乾隆皇帝手书的《杏坛赞》。

宋代以前孔庙内并无杏坛。宋天禧二年（1018 年），孔子第四十五代孙孔道辅监修孔庙，将正殿位置后移，在原正殿旧址建“杏坛”。金代在坛上建亭，经元、明、清数次重建重修，形成今天的规模。

孔庙、孔府、孔林现场教学讲解词

孔庙大成殿

重点讲解儒家仁爱思想

现在处在以大成殿为核心的主体建筑群中。这个建筑群布局独特，中心是大成殿，千百年来人们在这里高规格祭拜孔子；大成殿后设寝殿，用来祭祀孔子的夫人亓官氏；以西设启圣殿和启圣寝殿，用来祭祀孔子的父亲叔梁纥和母亲颜徵在；以东设孔氏家庙，用来祭祀孔子上五代祖先。据考证，这种庙宇格局独有儒家如此，独特之处就在于，人们在祭奠孔子的时候，也同时祭奠了孔子的妻子、父母和祖先。那么，这种独具匠心的建筑格局，其背后的深刻寓意是什么呢？尊重父母、妻子和族人，这是儒家仁爱思想的起点，儒家强调“立爱自亲始”“立敬自长始”。由此我们看出，孔庙的这一核心建筑群通过对儒家孝悌人伦的直观表现，凸显了儒家思想的核心之一——仁爱思想。

那么，究竟什么是“仁爱”呢？一般来说，儒家仁爱思想的含义主要有三个方面：

第一是对亲人的爱，即血缘亲情之爱。孔子主张“立爱自亲始”。儒家追求一种爱满天下的境界，但儒家的仁爱，发端于我们身边最普通的血缘亲情，也就是对父母兄弟、对亲人的爱。《中庸》讲：“仁

孔庙大成殿

者，人也，亲亲为大。”儒家主张爱有差等，施由亲始，推己及人。《论语》讲：“君子务本，本立而道生。孝弟也者，其为仁之本与！”这里的孝和悌都是基于血缘关系的亲情之爱。把孝、悌看作立身为仁的根本，是基于一个最简单也最深刻的道理：试想，一个人连父母和兄弟姐妹都不爱，还能期待他仁爱他人吗？所以，《孝经·圣治》讲：“不爱其亲而爱他人者，谓之悖德；不敬其亲而敬他人者，谓之悖礼。”

第二是对大众的爱，即“泛爱众”。儒家的仁爱发端于对亲人的爱，但又不局限于亲情之爱。人的生存不仅基于自己的那个小家庭，更要依赖于社会这个大家庭。所以，还要把孝、悌这种亲情之爱扩展到整个社会，推广到一切人际关系中。这种仁爱即儒家所说的“泛爱众”。那么，又如何才能“泛爱众”呢？儒家也清楚地告诉了我们应把握的两个方面：一方面是“己欲立而立人，己欲达而达人”，另一方面就是“己所不欲，勿施于人”。唯有如此，我们这个社会才会成为一个“我为人人，人人为我”的大爱世界。作为领导干部，更是要以仁爱之心关爱百姓、施行仁政。

第三是对万物的爱，即孟子讲的“亲亲而仁民，仁民而爱物”。“亲亲”是对亲人的爱，“仁民”是对社会大众的爱，“爱物”是对天地万物的爱。儒家把仁爱之心推向天地万物，达到仁者与天地万物为一体的境界，即所谓“天人合一”，也就是人和自然的和谐相处、宇宙万物的和谐统一。

由此可以看出，儒家的仁爱思想所追求的是个人与亲人的真诚相待，是个体与社会的健康互动，是人类和自然的持久和谐，是人心与天道的相辅相成。

2014 年 2 月，中共中央政治局第十三次集体学习时，习近平总书记强调指出，要深入挖掘和阐发中华优秀传统文化讲仁爱、重民本、守诚信、崇正义、尚和合、求大同的时代价值，使中华优秀传统文化成为涵养社会主义核心价值观的重要源泉。其中，讲仁爱被排在首位，这充分体现了儒家仁爱思想的重要性。在中华文化的历史传承发展中，“仁爱”精神以润物细无声的方式融入我们的精神血脉，已成为我们心中的道德律令，也必将为今天社会主义核心价值体系的培育提供精神支撑。

小资料

孔庙大成殿

大成殿是孔庙的核心建筑，是祭祀孔子的中心场所。大成殿高25米，宽46米，进深25米，坐落在2米高的月台上，是孔庙的最高建筑。大成殿九脊重檐，黄瓦覆顶，雕梁画栋，八斗藻井饰以金龙和玺彩图，四周廊下环立28根石雕龙柱，均以整石刻成，为明代弘治年间徽州工匠刻制，其中，前檐10根为深浮雕龙柱，两山及后檐18根为浅雕龙柱。

大成殿取自《孟子》“孔子之谓集大成”的语义，“大成殿”三个贴金大字为清雍正皇帝御书。殿内正中供奉孔子塑像，两旁为“四配”（颜子、曾子、子思子、孟子）和“十二哲”（闵损、冉雍、端木赐、仲由、卜商、有若、冉耕、宰予、冉求、言偃、颛孙师、朱熹）塑像。孔子像坐高3.4米，头戴十二旒冠冕，身穿十二章王服，手捧镇圭。

大成殿与北京故宫太和殿、泰安岱庙天贶殿并称为“东方三大殿”。

孔庙、孔府、孔林现场教学讲解词

孔庙孔氏家庙

重点讲解儒家孝道思想

孔氏家庙是孔子后人祭祀祖先、恪尽孝道的地方。我们能从这些古老的家谱碑和巍峨的崇圣祠中，感受到浓浓的孝的氛围。

俗话说，百善孝为先。千百年来，孝一直就是我们中华民族的传统美德，而在诸子百家当中，儒家又是最强调孝的，把孝看成是人们仁爱他人的基础。试想，一个连自己的父母都不孝顺的人，又怎会去关爱他人呢？所以，《论语》里面就说：“孝弟也者，其为仁之本与！”孝是一个人成为仁德之人的根本，是一个高尚之人所必须具备的情怀，一个真正的君子理应首先是一个孝子。

那么我们怎样做才能成为一个孝子呢？儒家认为，我们应该做好四个方面。那就是养亲、敬亲、安亲和祭亲。

第一点，养亲。养亲就是要赡养双亲。赡养父母是我们每个子女都应尽的基本义务，也是孝道的底线。行孝首先要做的就是要让父母吃饱穿暖。

第二点，敬亲。在儒家看来，光让父母吃饱穿暖那是远远不够的，更重要的是子女对父母要有敬爱之心。孔子说：“今之孝者，是谓能养。至于犬马，皆能有养。不敬，何以别乎？”因此，行孝一定

孔庙崇圣祠

要有尊敬、有顺从，敬父母之情，顺父母之意。咱们常说孝敬孝敬、孝顺孝顺，说的就是这个意思。

第三点，安亲。就是要让我们的父母安心、放心。有人向孔子问孝，孔子回答说："父母唯其疾之忧。"就是说做子女的只能让父母担忧自己的身体健康，除此之外，就再也不能让他们有半点担忧了。做好这一点，对于咱们领导干部来说，尤为重要。大家不妨想想并对比一下我们身边的人。那些清正为官、造福一方，以至百姓爱戴、名垂史册的官员，他们的父母是什么样子？而那些为人不正、做官不廉，致使身败名裂、锒铛入狱的官员，他们的父母又是什么样子？床前床后，谁来给他们的父母嘘寒问暖，年迈的双亲又怎样颐养天年啊！所以，从这点来说，身为领导干部的我们，若能真正做到正直为人、本分为官，不增父母之累，不陷父母不义，

孔庙孔氏家谱碑

这不仅仅是在对党、国家和人民负责，也是在让自己的父母安心。

第四点，祭亲。也就是祭祀已故的父母亲。孔子说：“生，事之以礼。死，葬之以礼、祭之以礼。”在儒家看来，孝不仅是生养，也是死葬，不仅是对人生前的尊重，也是对死后亡灵的敬畏，慎终追远，这才是孝的完结。

应该说，理解儒家的这些孝道观并非难事，但关键是我们能否按照这些孝道去及时尽孝。《论语》里面有一句话讲得很是深刻：“父母之年，不可不知也。一则以喜，一则以惧。”喜的是父母高寿、得享天年，做儿女的还有机会孝敬他们。那惧的呢？父母又年老了一岁，留给我们共处的时间正越来越少。在这一喜一惧间，细想来，似乎惧永远都是大于喜的。因为，孝是稍纵即逝的眷恋，是无法重现的幸福，是一失足成千古恨的往事，是生命与生命交接处的链条，它一旦断裂，将永无连接。因此，这个世界上才会有一种至深的悲怆，叫作“子欲养而亲不待”。所以，趁现在我们父母尚在，赶快为他们尽一份孝吧。孝敬父母，我们不能等，我们也等不起！

当然，单纯的孝敬父母只是儒家孝道观的一部分，它属于私德的范畴。作为国家公职人员的我们，更应该将这种对自己父母的孝，以“老吾老以及人之老，幼吾幼以及人之幼”的观念推广到整个社会，扩展到广大人民，进而升华为一种对国家、对民族、对人民的忠孝。这种孝才是儒家所真正提倡的，叫“小孝事亲，大孝事国”。同时，这样的孝，对于咱们广大领导干部而言，也才是圆满的，才是厚重的。

小资料

孔庙崇圣祠

崇圣祠又称“五代祠”，位于孔庙核心建筑大成殿东侧，属于孔庙东、中、西三路布局的东路部分。崇圣祠用于祭祀孔子上五代祖先，现存建筑始建于明弘治十七年（1504 年），殿阔 5 间，殿前廊下立有 8 根刻花石柱，中间两柱浮雕双龙戏珠。清雍正元年（1723 年）追封孔子上五代祖先为王，殿内以“四配”（颜子、曾子、子思子、孟子）的父亲配享，以宋代大儒周敦颐、张载、程颐、朱熹、蔡沈等先贤之父为从祀。祠前有三通孔子世系石碑，名曰“孔氏家谱碑”。

孔庙、孔府、孔林现场教学讲解词

孔府重光门

重点讲解儒家家风家教

来到孔府也就意味着我们更近距离地走进了孔氏家族这个大家庭。孔氏家族自古以来就被誉为“天下第一家”，两千多年来，它凭借着公府第的政治地位和圣人家的文化特点一直代代相传，繁衍不息。可能有人会问：为什么只有孔家能够两千多年经久不衰，进而成为真正的天下第一家呢？这其中当然因为历朝历代对孔子后裔的优渥，但更为重要的，也涉及一个家族兴旺发达的内在密码，那就是家风家教。

重视家风、强调家教，历来就是中华文明的一个突出特征。《大学》里讲“修身、齐家、治国、平天下”，不仅强调了个人修身养性的重要性，更强调了齐家、家风传承和家国情怀的层次递进关系。良好的家风不但能助人立德立言、成人成才，也可以为一个国家的兴旺发达奠定坚实基础。那么，作为“天下第一家”的孔家，他的家风又是怎样的呢？

简单地说，就是四个字——“诗礼传家”。正如我们刚刚在“诗礼堂”所了解的，“不学诗，无以言；不学礼，无以立”就是孔氏家族的第一条家训。后来，明万历年间，第六十四代衍圣公孔尚贤颁布了一部《孔氏祖训箴规》，进一步严格了孔家的家风家训。《箴规》

孔府大门

规定，孔氏族人无论身处何地，从事何种职业，都要“崇儒重道，好礼尚德”“务要读书明理”。《箴规》还明确规定，孔氏族人如果生前触犯刑律、作奸犯科，生不得入族谱，死后不得葬入孔林。可以说，从此以后，“礼乐传家久，诗书继世长”的家教观念就被代代相传，深入人心。

今天，我们该如何理解孔家“诗礼传家”的家风呢？其实它是孔子为其后世子孙培育正确人生观、价值观所标出的两大重要元素：一个就是有文化，另一个就是懂规矩。有文化指的就是“学诗”，懂规矩指的就是“学礼”。通过“学诗”，可以通晓文化典籍，进而明辨是非义理；通过“学礼”，可以懂得规矩之道，进而克己奉公，廉洁自律。读书明理、日益图新，这是在提升我们人生的上线；守住规矩、有所不为，则是在恪守我们人生的底线。有上线、有底线，这才是完整的人生，这也才是“诗礼传家”的真正内涵。

正是在这一家风的影响下，孔氏族人出了不少既知书达理又克己奉公的好官良吏，先后有5000多人获得过功名，其中有著作传世的240余人，孔融、孔尚任等都是孔子后人中的优秀代表。也正是因为这样好的家风延续，孔氏家族才得以两千多年家道长久、繁衍不息，也为后世中国良好家庭秩序的确立，起到了引领示范的作用。

然而，岁月匆匆，时至今日，我们再一次回首家风文化的时候，却惭愧地发现，它正与我们渐行渐远。如今的很多家庭早已忽视了对良好家风的培育和传承，甚而有的干部家庭更是门风败坏。从近些年查处的贪腐案件来看，很多案件的起因，可以说“不在颛臾，而在萧墙之内也”。例如，全国政协原副主席苏荣、国家发改委原副主任刘铁男等，就是因为家风不正而导致的家庭式贪腐典型。这些案例，教训惨痛，发人深思。家风纯正，雨润万物，而家风一破，污秽尽来！家风败坏不仅毁掉了这些人的幸福家庭，也严重抹黑了党和国家的形象。

所以，为加强领导干部家风建设，2015年10月，我们党首次将“廉洁齐家”写入了《中国共产党廉洁自律准则》。2018年3月，习近平总书记在全国“两会”上更是强调，要把家风建设摆在重要位置，廉洁修身、廉洁齐家，防止“枕边风”成为贪腐的导火索，防止子女打着自己的旗号非法牟利，防止身边人把自己“拉下水”。

作为一家之长，我们不仅要带头修身，表率家人，同时，我们还要对家人严格要求，严格约束。要明白，宽是害，严才是爱。我们对家人的严格要求，既是对家庭的负责，更是对家人的保护。家风正，家教严，才是一个领导干部之家所应该具备的！

孔府重光门

总之，家之兴替，在诗书礼义，而不在权贵显要；在勤俭廉洁，而不在富贵荣华。光把富贵传给儿孙，则富不过三代，而把诗书道德、仁孝清廉传给儿孙，家族方能百世流芳。最后，祝我们每一个家庭都能家风长存。

小资料

孔府重光门

孔府又称“衍圣公府”或“圣府”，西与孔庙毗邻，是孔子嫡系后代居住的地方，也是历代衍圣公的衙署和私邸。孔府占地180余亩，各类建筑460余间，分前后九进院落，东、中、西三路布局，是我国现存规模最大的封建官僚贵族府第。

重光门位于孔府第二道门“圣人之门”与孔府大堂之间，始建于明弘治十六年（1503年），门高5.9米，宽6.2米，进深2米，四柱三间三楼，明间略高，前后各有4个倒垂的木雕莲蕾，因此也称“垂花门”。整座门比例匀称，造型庄重，具有明显的明代前期建筑风格，为该时期建筑中的上乘之作，也是孔府建筑的最高规制。过去，重光门只有在孔府大典、迎接圣旨或进行重大祭祀活动时，才在十三响礼炮声中徐徐开启，故又称“仪门”。在封建社会，一般的官宦府第是没有资格建造仪门的，只有被封建帝王封爵的邦君才能享此殊荣。

孔庙、孔府、孔林现场教学讲解词

孔府内宅戒贪图

重点讲解儒家廉政思想

进入孔府内宅后，照壁上流丹走彩地绘有一幅画，请大家猜一下，这是什么动物？在此之前的学员和朋友，大多说它是麒麟。我们先将它同麒麟做一下对比：麒麟是一种“仁兽”，含仁怀义，性情温和，而画中的这个动物，它张着血盆大口，瞪着铜铃般的大眼，神情贪婪，与麒麟端正温和的样貌有着本质区别。这个动物名叫犾，它是贪婪之兽，生性饕餮，贪得无厌。它的胃口很大，喜吞食各种宝物。如图中所绘，连“八仙”的宝物都已为它所有，但它仍不满足，看到太阳从东方冉冉升起，就想吞下万物至宝的太阳。它一路追至东海，却终因自己的贪得无厌，落了个葬身大海的可悲下场。所以这幅图俗称“戒贪图”，它和前面二堂前的“冷板凳”一起被中纪委确立为第一批全国廉政教育基地。

衍圣公将这样一幅图绘制在内照壁上，用意很明显，就是要借犾的可悲下场，告诫自己和子孙后代，做人切不可贪得无厌。现在我们站在这里，能从图上读出些什么，又得到什么样的警示呢？我们每个人都有正常的欲望和追求，我们所需要做的，是内在地修养自己，把这种欲望和追求控制在合理的限度之内。欲望突破合理的限度就是贪

孔府内宅戒贪图

欲，贪欲必定祸及我们自身。所以，要戒贪。如何戒贪？儒家有自己独到的智慧。

第一，戒贪，要树立正确的义利观。以孔子为代表的儒家的义利观是“先义后利”“见利思义”“见得思义”。孔子的一生重道义轻财利，他说：“不义而富且贵，于我如浮云。”“君子喻于义，小人喻于利。”孔子非常理性，他承认人有正常的欲望追求。他说：“富与贵，是人之所欲也，不以其道得之，不处也；贫与贱，是人之所恶也，不以其道得之，不去也。”孔子认为，富贵是人人都喜欢得到的，贫贱是人人都希望摆脱的，但是求得富贵和摆脱贫贱都需要用符合道义的手段。这也就是要做到“君子爱财，取之有道”。

第二，戒贪，要保持清醒的道德理性。孔子强调：“克己复礼为仁。”“克己”就是一个人能够战胜自己，不为外物所诱，时刻保持清醒的道德理性，使自己的行为始终符合社会规范的要求。孔子强调，

“克己”就要做到“三戒”“三畏”。

《论语·季氏》中记载：“君子有三戒：少之时，血气未定，戒之在色；及其壮也，血气方刚，戒之在斗；及其老也，血气既衰，戒之在得。”这就提醒我们要在人生的不同时期，有侧重地约束自己的欲望。

《论语·季氏》中还记载：“君子有三畏：畏天命，畏大人，畏圣人之言。”畏，是敬畏、尊重之意。三畏，体现了儒家对自然规律、道德权威和历史文化智慧的尊重。这一点对于领导干部尤为重要。常言道，官有所畏，业有所成。作为领导干部，只有心存敬畏、手握戒尺，慎独、慎始、慎微，才能“思”而出乎理智、“行”而不忘法纪，才能更好地为国为民服务。

第三，戒贪，不能忽视制度的作用。制度文明是中国传统政治文明的重要组成部分。儒家向来重“礼”，强调“不知礼，无以立”“无礼义，则悖乱而不治”。古代所说的“礼”，既指道德原则，也指法度规范。在国家治理方面，孔子不仅强调要“为政以德”，还主张要“为国以礼”，提出“道之以德，齐之以礼”的观点。儒家认为“礼”是“王之大经”，“礼”能“经国家，定社稷，序民人，利后嗣”。所以，在廉政治理方面，儒家认为不仅要对为官者进行道德教化，还需要强化制度约束，用制度来规范为官者的廉洁从政行为。党的十八届六中全会审议通过的《关于新形势下党内政治生活的若干准则》和《中国共产党党内监督条例》，是推进全面从严治党的又一重大制度安排。党的十九大强调，全面推进党的政治建设、思想建设、组织建设、作风建设、纪律建设，把制度建设贯穿其中。这都将更好地促进党的建设的制度化、规范化的提升。

“戒贪”是一个古老的话题，今天依然被大家普遍关注，因为，为官从政者在当前社会面临的诱惑更多。习近平总书记告诫我们，“当干部就不要想发财，想发财就不要当干部”。我们在面对诱惑时，要清醒地认识到贪腐对我们的危害，要克制诱惑，遵守国家礼法，秉持为人民服务的宗旨。本着这种精神，我们可以在许多方面作出正确的价值判断与选择。这幅犭贪壁图所反映的儒家戒贪思想，对我们今天的党风廉政建设无疑具有积极而深刻的借鉴意义。

小资料

孔府内宅

内宅位于孔府三堂北侧，由前上房、前堂楼、后堂楼等建筑组成。内宅门是孔府办公区与生活区之间的禁门，设有各种仪仗和传达差役，戒备森严，禁止外人擅入。在内宅门西侧设有一个特制的石质水槽（石流），挑水夫只能把水倒入石流，隔墙流入内宅水缸，以与内宅女眷隔离。内宅门后有一彩色照壁，壁画“犭贪”兽，名曰“戒贪图”。

内宅第一进院落正厅为前上房，是接待至亲、近支族人及举行家宴、婚丧仪式的地方。院内东西两侧各有配房5间，是孔府收藏日用礼器的内库房和管账室。前上房北面为前堂楼、后堂楼，是历代衍圣公及夫人居住的场所。

孔庙、孔府、孔林现场教学讲解词

孔林孔子墓

重点讲解儒家人生哲理

现在我们来到的就是孔林中最核心的部分——孔子墓区。或许，在精神的空间里，我们早已与圣人有过无数次的对话与交流。然而今天，我们来到孔林，来到孔子墓前，此行的特殊意义就在于，我们可以更近距离地向圣贤表达我们内心的敬仰之情。

现在，我们面前这座最大的墓就是孔子墓，墓碑为明代正统年间所立，上书“大成至圣文宣王墓”八个字，为著名书法家黄养正所书。伫立在孔子墓前，我们环视整个孔林，苍桧翠柏，如龙如虬，古墓碑石，触目皆是。在这座三千多亩的孔林之中，长眠着孔子及他的众多子孙后代，孔林也由此成为世界上最大的私家墓地，蔚为大观。在这里，我们感受了死亡的肃穆，却没有悲怆凄凉；在这里，我们感受了精神的高远，却没有花花世界的喧嚣浮躁。那么，我们在这块最古老、最庞大的家族墓林中读出了什么？儒家的人生观是什么？又带给我们怎样的启示呢？

据《孔子家语》记载，人在百年之后，他的气将化为虚幻的灵魂，从此岸世界到彼岸世界，回到他已经逝去的亲人和家族当中。因此，咱们中国人历来就有这样的传统，即使生前人在异乡，百年之后也要落叶归根，魂归故里，这成为生命的一种荣耀和执着，继而演化成一种习俗。

那么，我们这一生又该怎样度过呢？

大家都知道，我们每个人从生命诞生伊始，就踏上了一列没有返程的列车，最终走向生命的终极。尽管事实如此，但是孔子和儒家很少谈及死亡和鬼神的话题，而是将精力倾注在如何实现人生价值上。孔子的弟子子路曾向老师请教死亡和鬼神的问题，孔子说：“未知生，焉知死？”“未能事人，焉能事鬼？”孔子的意思是，先要弄明白活着的意义，进而也就懂得了死的价值。在儒家看来，从事社会管理的人，属于“谋道不谋食”者，也就是承担社会道义而不是只谋求个人丰衣足食的人，应该在活着的时候创造更大的生命价值。只有这样，百年之后，才能获得生命的永恒，就像当年的孔子。

司马迁在《史记·孔子世家》中这样评价孔子：“天下君王至于贤人众矣，当时则荣，没则已焉。孔子布衣，传十余世，学者宗之。自天子王侯，中国言六艺者折中于夫子，可谓至圣矣！”在司马迁看来，孔子已经到了“至圣”的境界，并且他还怀着无上敬仰的心情，引用古诗“高山仰止，景行行止”来赞美孔子，表达自己“虽不能至，然心乡往之”，自己虽然不能达到孔子这样的境界，但内心对此充满了无限的憧憬和向往。由此，司马迁感悟到了一个世间真谛，“人固有一死，或重于泰山，或轻于鸿毛”。一个人，只要具有巨大的历史功德和贡献，一定会被后人所怀念和记忆，也正是在人们的记忆、追怀以及延绵不绝的祭祀中，生命也就获得了永恒。

在中国人的观念当中，人是不能永生的，但是可以不朽。怎么不朽？《左传》里讲：“太上有立德，其次有立功，其次有立言，虽久

孔林孔子墓

不废，此之谓不朽。”立德，具有崇高品德，彪炳后世，垂范他人，便能人格不朽；立功，为国为民建立功业，造福子孙后代，便能事业不朽；立言，著书立说，思想文章传之后世，便能思想不朽。这三点孔子都做到了，所以他被后世永远尊崇和追忆。

总之，我们在孔林中感受到的儒家人生哲学告诉我们，尽管生命终归逝去，但是人活着的高度决定了死后的高度，人活着的社会价值决定了死后的社会价值。只有活得有意义，才能死得荣耀，最终获得生命的不朽。

今天我们一路走来，寻觅着历史的足迹，透过孔庙、孔府这一座座布满历史印记的古建筑，近距离领略了儒家“修、齐、治、平”的大智慧。仰望万仞宫墙，体会孔子人格的伟岸和精神的高远；驻足杏坛，仿佛听到孔子与弟子们围绕“大学之道”的亲切交谈；穿过孔氏家庙，接受孝亲人伦的洗礼；凝视照壁，透过浓墨重彩明白了“戒贪”的真正意义；最后，我们来到了孔子墓前，近距离地走近这位智者，聆听他关于“人的一生应当怎样度过”的教诲。儒家思想博大精深，它凝聚于儒家经典之中，更流动于中华民族的生活方式和传统的民俗风情之中。今天，我们只能择其部分与大家分享。愿我们的讲解能够给大家的工作、学习、生活带来一些启示。

小资料

孔林孔子墓

孔林又称“至圣林”，位于曲阜市城北、孔庙孔府正北3公里处，是孔子及其后裔的家族墓地，也是世界上延续时间最长的家族墓地。孔林占地3000多亩，坟冢10万余座，墓碑4000余通，古建筑116间，石仪85对。

孔子墓位于孔林中部偏南区域，是孔子及其夫人亓官氏的合葬墓。鲁哀公十六年（公元前479年），孔子在鲁国去世后葬于鲁城北泗上。《孔氏祖庭广记》记载：“孔子冢去城一里，茔冢百亩，北广十步，东西三十步，高一丈二尺。”可见，原墓规模很小，无法与当时的王公贵族墓相提并论。今孔子墓封土东西30米，南北28米，高5米，似一隆起的马背，故称“马鬣封”。墓前有石碑两通，前碑篆书“大成至圣文宣王墓”，后碑篆书“宣圣墓”。碑前有石供案、石香炉、石砌拜台及砖砌花棂围墙等。

颜庙现场教学讲解词

颜庙陋巷井

重点讲解孔颜之乐

颜庙是祭祀孔子弟子颜回的庙宇。与孔庙不同的是，来到颜庙，首先迎接我们的不再是那些高大气派的门厅石坊了，反倒是这样一座非常别致的小亭子。亭子的中央有一口古井，名为“陋巷井”，井口还被人们用石板保护了起来。那么，为什么在这里人们会如此细心地保护一口古井呢？在这口古井的背后又有着怎样的感人故事呢？

据史料记载，颜回虽然勤奋好学，聪慧过人，可是家境比较贫寒，迫不得已时就在陋巷井里取水充饥。孔子得知了颜回的情况，很是感慨，于是便称赞颜回说：“贤哉，回也！一箪食，一瓢饮，在陋巷，人不堪其忧，回也不改其乐。”

其实，颜回的这种快乐，孔子本人也感同身受。《论语》记载，孔子说：“饭疏食，饮水，曲肱而枕之，乐亦在其中矣。”意思是说，我吃粗粮，喝白水，弯着胳膊当枕头睡觉，那么乐趣也就在这其中了。由此可见，孔子的这种快乐和颜回的快乐其实是相通的。宋代理学家周敦颐将两个人的这种快乐概括为“孔颜乐处”，认为这体现了儒家思想的最高境界，并经常教导学生去体悟“孔颜乐处”所乐为何事。那么，“孔颜乐处”到底乐在哪里呢？

颜庙大门

第一，“孔颜乐处”乐在对人生穷困与显达的坦然面对上。孔子说：“贫而乐，富而好礼”。孟子则进一步阐释道：“穷不失义，达不离道”“穷则独善其身，达则兼善天下”。也就是说，穷困的时候，我们不丧失仁义，显达的时候，我们不背离道德。得志，就兼善天下，施仁政以惠百姓；不得志，便修身心养正气以立人间，以一种平淡却又不失积极的心态去坦然面对人生的起起落落、浮浮沉沉。尤其是面对穷困的时候，我们更应该不悲不怨，不变质不动摇，用孔子的话说就是“君子固穷”。一个真正的君子总是能够逢穷困失意而不困惑，遇忧患阻隔而不消沉，无论世事如何变迁，都固守自我，不失气节。颜回也正是因为做到了这一点，才对贫苦的生活淡然处之，不改其乐。

第二，“孔颜乐处”还乐在对外在名利和内在德行的智慧选择上。

颜庙陋巷井

儒家主张“先义后利”，所以儒家从来就不反对对名利的正当追求。但是，儒家也绝不因此就认为，名利就是通往快乐的康庄大道。《大学》里面说“富润屋，德润身”，讲的就是这个道理。财富只能装潢我们的房舍，而德行却能润泽我们的身心。德行是内在的，它“求之在我”，而且永远不会丢失；但名利却是外在的，它“得之在他”，且总有一天会被用完。所以，一个人要想真正快乐，就不要为名利得失而困扰，受进退留转所左右，而是应该转向关注自己对内心善端的呵护、对高尚德行的培养。收获美好德行的那一天，也就是我们真正快乐的那一天。

第三，“孔颜乐处”更乐在对人生境界和道义的执着追求上。孔子说：“发愤忘食，乐以忘忧，不知老之将至”，所以他周游列国，虽累累若丧家之犬，却依旧能笑看人生。颜回虽身居陋巷，箪食瓢饮，却也能安贫乐道。儒家这种安贫乐道、淡漠名利的幸福观和生活态度为我们提供了理想人生境界和路径选择，而那些信念坚定、为民服务、勤政务实、敢于担当、清正廉洁的好干部也早已给出了我们答案，像焦裕禄、孔繁森、杨善洲等更是为我们做出了榜样。所以，领导干部要守得住清贫，耐得住寂寞，稳得住心神，经得起考验。果能如此，那么即便有一天，我们的生活遇到挫折，人生陷入困顿，我们也依然能够安贫乐道、洒脱自得，以“不以物喜，不以己悲”的豁达心态，看淡人生得失，固守心灵家园。

所以，在此，衷心地祝愿我们每一个人，都能够从古代圣贤和党的先进先辈们那里悟到属于自己的人生之乐，并乐其一生！

小资料

颜庙陋巷井

颜庙又称“复圣庙”，位于孔府东侧，与孔府一路之隔，占地36亩，分前后五进院落，东、中、西三路布局，原建于曲阜城东北3公里处五泉庄附近，元代迁至今陋巷故址。

陋巷井位于颜庙第一道大门内西侧，为颜子当年吃水的水井，因颜子居陋巷而得名。北宋熙宁年间，“颜子之故居所谓陋巷者，有井存焉，而不在颜氏久矣。胶西太守孔君宗翰始得其地，浚治其井，作亭于其上，命之曰‘颜乐’”。元代元贞年间，孔子第五十三代孙、袭封衍圣公孔治命颜族复构于故基，始于井上建亭。清嘉庆十五年（1810年）重修时曾拆盖。1979年揭瓦彩画，井壁为砖砌，井口用石砌成圆形，并且覆盖圆石，留有一小孔。井亭呈六边形，平面边长3.9米，亭高4.6米，单檐灰瓦，形似攒尖顶，但顶部留有一孔，与井口相对。井的北面有明嘉靖三十年（1551年）立的“陋巷井”石碑一通。明万历六年（1578年）于亭前立“陋巷故址”石碑一通，以说明此为颜子所居陋巷的原址。

孟庙、孟府现场教学讲解词

孟庙泰山气象门

重点讲解孟子的浩然之气

在《孟子》一书中有这样的记载：有一天孟子的弟子公孙丑问孟子："敢问夫子恶乎长？"请问先生您在哪方面最擅长？孟子回答说："我知言，我善养吾浩然之气。"在孟子看来自己最擅长的有两点，一是善于分析别人的言辞，二是善于培养自己的浩然之气。公孙丑又接着问："敢问何谓浩然之气？"孟子解释道："其为气也，至大至刚，以直养而无害，则塞于天地之间。其为气也，配义与道。"意思是说，浩然之气是一股人间正气，需要用正义去培养它，而不能做不义的事来损耗它，随着正义的思想和行为的不断积累，一个人身上的浩然之气就能够像泰山气象一般充塞于天地之间。具有这种浩然之气的人，则被孟子称之为"大丈夫"。孟子认为，具有大丈夫气概的人应该居仁、由义、守礼，就是要做到讲仁义、重礼节，而且无论什么情况下都要坚守下去，所以孟子说"富贵不能淫，贫贱不能移，威武不能屈"，这就是孟子心目中的大丈夫。也就是说，浩然之气也可以称为大丈夫之气。那么浩然之气有哪些内涵呢？

第一，这是一种舍生取义的勇气。孟子曰："生，亦我所欲也；义，亦我所欲也。二者不可得兼，舍生而取义者也。"孟子认为在

孟庙泰山气象门

利益的面前应当坚守“先义后利”，当面临“生”和“义”的抉择时，宁可舍弃生命也要坚守气节。

第二，这是一种敢于担当的豪气。孟子说：“穷则独善其身，达则兼善天下。”当自己的理想不能实现时，那就应该修养自己的品德，洁身自好；而当理想能够实现时，那就应该造福全天下的百姓。孟子说：“如欲平治天下，当今之世，舍我其谁也？”孟子心怀天下，他把天下大任放在自己的肩上，这种担当的豪气主要体现在对国家和民族命运的责任意识、忧患意识和奉献精神上。只有具备了这种担当的豪气，才能在危难之时挺身而出、力挽狂澜、救民于水火。

第三，这是一种坚忍不拔的骨气。孟子把刚强和正义视为浩然之气的内在精神，需要在实践中不断磨练养成，所以孟子说：“天将降大任于是人也，必先苦其心志，劳其筋骨，饿其体肤。”孟子认为，一个真正的大丈夫，既要能够忍受身体上的磨难，更要能够经受心志上的挫折，只有这样才能百炼成钢，才能堪当大任。

两千多年来，孟子的这种浩然之气，经过历代先贤、志士的弘扬与践行，逐步成为中华民族血脉的精神支撑，成为中国人的精神脊梁！对中华民族道德传统和文化性格的形成，产生了深远影响。元朝灭南宋后，文天祥宁死不降，在狱中写下了《正气歌》，并且留下了“人生自古谁无死，留取丹心照汗青”的千古名句。晚清名臣曾国藩认为：“欲成大事，必须通过养吾浩然之气。”现代儒学大师牟宗三先生说，孟子之学就是大丈夫之学，自孟子之后，中国人的精神血脉中便不再缺钙了。2010 年 10 月，迟浩田将军参观孟庙时，就在这座门前说道：“我喜欢山东兵，今天忽然明白山东兵的那股豪气、正气正是源于这里的。”

今天，浩然正气作为做人的一种气节，一种精神定力，依然散发着时代的光辉。习近平总书记曾经说过：党的干部只有一心为公，事事出于公心，才能光明正大、堂堂正正。有了这股浩然正气，就能坐得稳、行得正、走得远！

小资料

孟庙泰山气象门

孟庙位于邹城市城区南部，占地 66 亩，始建于北宋景祐四年（1037 年），前后分为五进院落，东、中、西三路布局。泰山气象门是孟庙三进院的大门，单檐歇山式建筑，灰瓦覆顶，门面阔三楹，前面立四根红漆柱，斗拱和门楣遍饰彩绘，门额悬挂金字“泰山气象门”匾额。

“泰山气象”取自宋代著名理学家程颢之说：“仲尼，天地也；颜子，和风庆云也；孟子，泰山之岩岩气象也。”意即孟子的气度和风范就如同五岳之首的泰山一样，高大巍峨，令人敬仰。

孟庙、孟府现场教学讲解词

孟庙孟母断机处

重点讲解孟母教子思想

中华民族自古以来，就有深厚的家国情怀。儒家主张“修身、齐家、治国、平天下”，把家庭建设置于重要地位，其教子思想更是家庭建设的灵魂。那么，在人们日益重视子女教育的今天，作为领导干部，我们如何建设好家庭，特别是如何教育好子女呢？孟母教子思想给了我们深刻的启发。

第一，孟母教子特别注重环境的影响。大家看到的这通碑刻——“孟母三迁祠”，就记载了孟母“三迁择邻”的故事。这个故事在《三字经》中就有记载：“昔孟母，择邻处。”在孟子很小时，父亲就去世了。孟母仉氏独力艰难抚育着年幼的孟子。无奈，孩子天性贪玩，初时“其舍近墓”，孟子时常“嬉游为墓间之事，踊跃筑埋”。孟母只得搬家，但“其舍傍市”，孟子又经常“嬉戏为贾人炫卖之事”。孟母不得已又再次搬家，直至“其舍旁学”后，孟子才“嬉游乃设俎豆，揖让进退”，跟着学子们学儒习礼。孟母认为这才是孟子理想的成长居所。孟母“三迁择邻”，选择能够使孩子健康成长的生活环境，使孟子得以在良好环境的熏陶下潜心学习，终成一代大儒。

第二，孟母教子特别注重诚信教育。《韩诗外传》中记载的“杀豚不欺子”，讲的就是孟母教子诚信的故事。年幼的孟子看到邻居在杀猪，问母亲：“他为什么要杀猪呢？”孟母随口说了一句：“杀猪是为了能让你吃到猪肉啊。”说完之后，孟母就后悔了，以他们当时清贫的家境，是很难吃到猪肉的。可是，为了不失信于孩子，孟母还是买了肉做给孟子吃，以此来教育孟子做人要言而有信、一诺千金。这件事对孟子影响深远。孟子成年后，提出了“五伦”说，也就是“父子有亲，君臣有义，夫妇有别，长幼有序，朋友有信”，把诚信上升到“五伦”的高度，成为儒家伦理道德规范中极为重要的一个范畴。

第三，孟母教子特别注重恒心和毅力的培养。“孟母断机处”这通碑刻，讲的就是孟母发现孟子贪玩逃学后，“以刀断其织”来告诫孟子“子之废学，若吾断斯织也”。孟母以断布的无法接续来比喻学习的不可中断，让孟子懂得学习、做事应该循序渐进、持之以恒。孟子从此幡然醒悟，“旦夕勤学不息”，每日伏案苦读，常常废寝忘食。正是由于孟子对这种“学贵有恒”治学精神的切身体悟，才有了“天将降大任于是人也，必先苦其心志，劳其筋骨，饿其体肤，空乏其身，行拂乱其所为，所以动心忍性，曾益其所不能”这样的千古名句，激励了一代又一代仁人志士砥砺恒心，战胜磨难，最终走向成功。

第四，孟母教子还特别注重塑造道义和责任担当。这里还有一个“拥楹而叹”的故事。孟子中年时期，居于齐国讲学，齐宣王对他礼遇有加，但并不采纳他的政治主张。孟子有心离开齐国到别的国家去一展政治抱负，可是念及母亲年事已高，禁不起旅途的奔波劳累，进退两难，内心充满了矛盾。有一天，孟子回到家中倚柱叹息。孟母得知了孟子的隐忧，对孟子说：“子行乎子义，吾行乎吾礼。”你周游列国是你应坚守的“义”，我随你远游是我应遵循的“礼”，做人要

孟庙五通碑

坚守理想抱负，尽到自己应尽的责任。也正是由于孟母的这种教子理念，才培育了孟子“自任以天下之重”的担当意识。

明万历年间监察御史钟化民这样评价孟母，“子之圣即母之圣”，“不有三迁之教，孰开浩然之圣。人生教子，志在青紫（古代官服的颜色，此处代指加官晋爵）。夫人教子，志在孔子。古今以来，一人而已”，认为孟母堪称千古母教的典范。

家庭是社会的基本细胞，是人生的第一所学校，而父母则是孩子的第一任老师。家庭环境对孩子的影响是至关重要的，父母的言传身教对孩子的影响是潜移默化的，一言一行无时无刻不在熏陶着孩子、引导着孩子成长的方向。作为领导干部，一方面我们要工作尽责，为民服务，另一方面，我们又要树立良好的家教，为国育才。两者相辅相成，方可谓人生圆满。

小资料

孟庙五通碑

五通碑位于孟庙第三进院内康熙碑亭的东侧，由西至东分别为“孟母断机处”碑、“孟母三迁祠”碑、“子思子作中庸处”碑、“述圣遗像”碑和“述圣子思子赞”碑。“孟母断机处”碑和“孟母三迁祠”碑是为纪念孟母断机喻学和三迁择邻的故事而立；“子思子作中庸处”碑是为纪念子思著《中庸》一书而立；“述圣遗像”碑上端刻有宋高宗绍兴十四年（1144 年）御制的《子思赞》篆书，赞文下刻子思坐像；“述圣子思子赞”碑刻有清乾隆十三年（1748 年）乾隆皇帝所题写的四言律诗，高度评价了子思“述其师之意，穷性命之原，极天人之奥”的功业。

这五通石碑原分立于孟庙正北 300 米处的孟母断机堂、中庸书院及子思祠内。解放战争时期，3 处古迹均毁于战火，幸存的石碑于 1972 年移入孟庙现位置处保存。

孟庙、孟府现场教学讲解词

孟庙亚圣殿

重点讲解儒家仁政思想

仁政思想是孟子政治思想的核心，也是我国民本思想的重要组成部分。孟子继承和发展了孔子“仁”的学说，并上升为治国理政的高度，最终形成了仁政思想体系。

那么，什么是仁政呢？仁政就是施政以仁。孟子说：“人皆有不忍人之心”“以不忍人之心，行不忍人之政，治天下可运之掌上。”不忍人之心是恻隐心，是同情心，也就是孟子说的仁心。为政者以仁心所施行的就是仁政。那么孟子的仁政思想具体包括哪些主要内容呢？

在政治上，孟子主张“贵民”。他提出了“民贵君轻”“民事不可缓也”“政得其民”等仁政方略。尤其是“民贵君轻”的观点，更是确立了百姓在国家政治生活中的重要地位。“民为贵”，贵就贵在民意上，因为这是民心向背的关键。孟子提出了政权得失的规律——“得天下有道：得其民，斯得天下矣；得其民有道：得其心，斯得民矣；得其心有道：所欲与之聚之，所恶勿施，尔也。”

在经济上，孟子主张“富民”。他提出了一系列的富民举措，其中最重要的就是“制民恒产”。恒产，指的是稳定的财产。孟子认为

孟庙亚圣殿

百姓当有“五亩之宅，百亩之田”，因为土地与房屋是最主要的恒产，是社会稳定的物质基础。孟子说：“有恒产者有恒心，无恒产者无恒心。”老百姓有了一定的财产收入，才会有稳定的心志，才会去遵守道德规范和行为准则。由此可见，老百姓有恒产且有恒心，那社会也就和谐稳定了。

在文化上，孟子主张“教民”。孔子提出“富之教之”的观点，而孟子将孔子“先富后教”的观点更加具体化。孟子说：“饱食暖衣，逸居而无教，则近于禽兽。”人在吃饱穿暖、生活安逸之后，应该“谨庠序之教，申之以孝悌之义”。意思是说，要兴办各级各类学校，反复地用孝顺父母、敬爱兄长的道理去教化他们，让他们明人伦、尚仁义。

除此之外，孟子还主张“与民同乐”。孟子说：“乐民之乐者，民亦乐其乐；忧民之忧者，民亦忧其忧。乐以天下，忧以天下，然而不王者，未之有也。”这也就是孟子所强调的“仁者无敌”。

纵观历史，孟子的仁政思想对中国后世产生了深远的影响。如秦王朝行暴政、失民心，落得二世而亡的下场；唐太宗李世民行仁政、得民心，开创了“贞观之治”。也正是因为仁政思想，孟子才会受到历代思想家、政治家的推崇。唐代文学家韩愈将孟子同治水的大禹作比，认为孟子“功不在禹下”，而王安石视孟子为圣人，言“孔孟如日月”。现在，我们党“以人民为中心”的执政理念，就是孟子仁政思想时代价值的体现。

不忘历史才能开辟未来，善于继承才能善于创新。尽管孟子已经离开我们2300多年了，但是今天，站在这庄严的亚圣殿前，孟子关于仁政思想的千古圣训，仍觉余音绕梁，言犹在耳。

小资料

孟庙亚圣殿

亚圣殿位于孟庙的第四进院内，是孟庙的主体建筑，始建于北宋宣和三年（1121年），历经宋、金、元、明、清至今50余次修葺。大殿为七楹、重檐歇山式建筑，绿色琉璃瓦覆顶，殿高17米，宽27.7米，进深20.5米。大殿四周廊下环立26根八棱石柱，均以整石刻成。据考证，石柱下面的覆莲柱础是宋代建庙时留下的原物，石柱为明弘治九年（1496年）重建时所刻制。殿前8根水磨石柱上装饰有浅雕线刻纹饰。殿前的大型露台是祭祀时表演乐舞的场所。

大殿门楣之下的横匾“道阐尼山”，为清乾隆皇帝钦赐，同时题写的还有殿内抱柱对联：“尊王言必称尧舜，忧世心同切禹颜”。殿内正中放置有雕龙贴金的神龛，龛中供奉孟子彩色塑像，头带九旒之冕，身穿九璋之服，手执桓圭。神龛上方高悬清雍正皇帝手书“守先待后”的金匾，意为孟子守先王之道，以期待后世对儒学的传承。

孟庙官箴碑

重点讲解古代为官之道

在这里，我们将一起了解古代为官之道。

所谓官箴，通俗讲就是为官者的座右铭，像我们所熟知的“公生明，廉生威”“子帅以正，孰敢不正”都是古代官箴中的名言名句。把官箴刻在石碑上，就形成了官箴碑。

大家请看，这是一通罕见的四面碑，碑身方正，寓意着做人为官也要堂堂正正。它四面刻字，每面突出一个主题，分别镌刻着仁、廉、公、勤四项箴文，所以被称为“仁廉公勤”官箴碑。明万历年间，邹县知事梁州彦立此碑于县衙，以激励自己和僚属廉洁勤政。上世纪50年代，因旧县衙损毁，该碑移至孟庙保存至今。

了解了碑身的来历，接下来，我们再看碑文内容。

首先来看“仁”的部分。碑文说：“古者于民饥溺，犹己饥溺。”上古时期仁德的典范——大禹和后稷，他们看到百姓生活疾苦，就像自己使他们处于这种困境一样。“心诚求之，若保赤子。”想要解救百姓于危难之中的心情，就好像母亲爱护自己刚出生的婴儿。由此，我们可以感受到古代“父母官”的责任担当和爱民如子的情怀。与此相反，碑文也列举了一些不仁的官员，他们自己花天酒地、饮食丰盛；

“仁廉公勤”官箴碑

对待百姓却漠不关心，冷酷无情。人心不仁，竟至于斯。碑文用对比的方式，阐述了仁爱是为官的基础，惟有对百姓仁爱才是一个合格的好官。

再来看“廉”的部分。碑文说：“惟士之廉，犹女之洁，苟一毫之点污，为终身之玷缺。”这里将为官者的清廉和女子的贞洁相类比，可见，廉洁对于官员多么重要。碑文还说：“毋谓暗室，昭昭四知。汝不自爱，心之神明其可欺？”这里借东汉杨震“四知却金”的故事，告诫官员在廉洁方面应坚守“慎独”，从内心真正约束自己。“黄金五六驼，胡椒八百斛，生不足以为荣，千载之后有余戮。”我们先稍作解释，这里把黄金和胡椒并列，是因为胡椒原产自西域，自汉代传入以来，一直是皇室贡品，被誉为“黑黄金”。“胡椒八百斛”说的是唐朝宰相元载，贪得无厌，大肆搜刮民脂民膏，在其家中，仅胡椒一项，就搜出八百斛，相当于今天的40吨之多，堆满了当时的最高法院——大理寺偌大的一个院子。“胡椒八百斛，千载遗腥臊。”元载的贪婪，就这样被钉在了历史的耻辱柱上。我们再来看清廉的典范：“彼美君子，一鹤一琴，望之凛然，清风古今。”这里说的是宋代铁面御史赵抃去四川做官，上任的时候，随身带的是“一鹤一琴”，为官多年后离任之时，仍然是“一鹤一琴”。当时的皇帝宋神宗称赞他：“匹马入蜀，一鹤一琴，为政简易。”一时，“一鹤一琴”成为官员廉洁的象征。

这里看“公”的部分。碑文同样采用对比的方式来说明坚守“公”的意义。什么是公？公就是正，一是为人身正，二是处事公正。碑文中讲到，周朝太师尹吉甫曾经文武双全、功勋卓著，却也因为厚待亲戚、亲近小人而有失偏颇。为何秉持“公”心这么难？因为人心原本

“仁廉公勤”官箴碑碑文

如日月光洁，逐渐受到私欲的侵蚀，才偏离了方向。如何能做到公正？一不偏听偏信，这样就能避免冤屈正直的人而惠及小人；二不喜怒无常，这样就能做到赏罚有度。“惟公生明，偏则生暗。”

最后看“勤”的部分。什么是“勤”？在古人看来，勤就是为政忠贞勤勉，于民尽心尽力。碑文首先追问为官者：住着百姓供给的房屋而不勤勉做事，拿着朝廷的俸禄却工作懈怠，稍有良心，又怎能不感到惭愧呢？那么我们如何才能做到勤呢？碑文中说：“炎汗浃背，日不辞难；警枕计功，夜不遑安。”白天勤勉工作，不辞劳苦；夜晚警醒反思，不求安眠。“谁为我师，一范一韩”，在这方面，我们可以学习北宋勤政名臣范仲淹和韩琦。他们在朝同心辅政，勤勤恳恳，也曾共守边疆，固若长城，故天下人称之为“韩范”，是后世为官者的楷模。

“仁廉公勤”官箴距今已有八百年的历史，这通碑刻也已存在了四百多年，就像当年立碑的梁州彦在跋文中说的那样：“凡我同心，宜勒一通，置之座右。”（凡是和我一样有志做个好官的人，都应当刻立一通石碑，作为自己的座右铭。）它启示我们：仁为官之本、廉为官之魂、公为官之义、勤为官之功，这与我们现在考核干部“德能勤绩廉”的标准有着异曲同工之妙。让我们以史为鉴，不忘初心，方得始终。

小资料

孟庙官箴碑

明万历年间，邹县知事梁州彦立此碑于县衙，以激励自己和僚属廉洁勤政。官箴碑是一通极为罕见的四面碑，形制较为特别，没有碑首与碑座，碑身为方柱体结构，每面突出一个主题，分别镌刻着仁、廉、公、勤四篇箴文，所以被称为“仁廉公勤”官箴碑。20世纪50年代，因旧县衙毁损，该碑移至孟庙致敬门内西侧保存至今。

官箴碑文：

右仁箴 古者于民饥溺，犹己饥溺。心诚求之，若保赤子。於戏！入室笑语，饮醲啗肥；出则敲扑，曾痛痒知不知。人心不仁，一至于斯！淑问之泽，百世犹祀。酷吏之后，今其余几？惟甘小人而不为君子。

右廉箴 惟士之廉，犹女之洁，苟一毫之点污，为终身之玷缺。毋谓暗室，昭昭四知。汝不自爱，心之神明其可欺？黄金五六驼，胡椒八百斛，生不足以为荣，千载之后有余戮。彼美君子，一鹤一琴，望之凛然，清风古今。

右公箴 厚姻娅，近小人，尹氏所以不平于秉钧；开诚心，布公道，武侯所以独优于王佐。故曰本心日月，利欲蚀之。大道康庄，偏见室之。听信偏，则枉直而惠奸；喜怒偏，则赏僭而刑滥。惟公生明，偏则生暗。

右勤箴 尔服之华，尔馔之丰，凡缕丝与颗粟，皆民力乎。尔供居焉而旷，厥官食焉而怠其事，稍有人心，胡不自愧？昔者君子，靡素其餐。炎汗浃背，日不辞难；警枕计功，夜不遑安。谁为我师？一范一韩。

孟庙、孟府现场教学讲解词

孟府大堂

重点讲解儒家规矩之道

大家请看，大堂檐下的“七篇贻矩”题匾，是清朝雍正皇帝亲笔所书。《孟子》一书有《梁惠王》《公孙丑》《万章》等七篇，匾额借“七篇”来指代孟子的思想学说。“贻”是赠与的意思，“矩”是规矩。“七篇贻矩”的意思是说，孟子的思想学说是留给后人做人做事的规矩之道。

说到“规矩”，我们首先想到的是孟子的那句名言：“离娄之明，公输子之巧，不以规矩，不能成方圆。”意思是说，像离娄和公输子这样的能工巧匠，如果没有规和矩，也将一事无成。孟子还说：“规矩，方圆之至也；圣人，人伦之至也。”孟子认为，“规矩”是用来确定和实现人生方圆的最高标准，圣人则是做人的最高标准。正因如此，身为“亚圣”之家，他们才更加注重为世垂范，更讲究“礼门义路家规矩”。所以，在孟府大堂上悬挂这样一块匾额，彰显圣人之门以规矩立门户的家教传承。

那么，为官从政、立身处世怎样做到守规矩呢？孟子的“四心说”带给了我们这样的启示：

第一，要有恻隐之心。孟子说：“恻隐之心，仁之端也。”恻隐之心就是爱心、同情心，是仁的发端。孟子认为人的本性是向善的、有良知的，把这种原始的善良本性加以扩充，就可以向善为善，仁者爱人。

第二，要有羞恶之心。孟子说：“羞恶之心，义之端也。”羞恶之心向外扩充就是“义”，这也是社会规矩的内在标准。在孟子看来，“人不可以无耻，无耻之耻，无耻矣”。人，不能没有羞耻心，没有羞耻心的人“非人也”，也就不能被称之为人，孟子说这才是最大的羞耻。人的羞耻感是人之为人的本性所在，每每会在第一时间提醒我们：什么事情该做，做了心里坦然；什么事情不该做，做了会脸红心跳。它以此来告诫我们应该或必须坚守的规矩所在。所以，古人特别注重用羞耻心来把住守规矩的关口，所谓“有耻且格”，这应该成为

孟府大堂

我们领导干部的箴言。

第三，要有辞让之心。孟子说：“辞让之心，礼之端也。”辞让之心也就是恭敬之心，指的是人们在日常生活中待人接物要谦恭有礼，心存敬畏。因为，心有所敬，才能言有所规、身有所正；心有所畏，才能行有所止、事有不为。守住了规矩与底线，最终才能够达到孟子所说的“仰不愧于天，俯不怍于人”的道德境界。

第四，要有是非之心。孟子说：“是非之心，智之端也。”是非之心指的是人所具有的明辨是非的能力，孟子把它定义为“智”。现实生活中，充满了各种各样的诱惑，什么是对的、是可以追求的，什么是错的、是应该摒弃的，需要明确画出一条界限，这就要用“智”去分析和判断，而这个“智”就是人内心明辨是非曲直的标准。

从以上四点可以看出，“四心”不仅是“仁义礼智”的发端，也是人内在持守规矩的体现。内在的规矩靠的是自律，而外在的规矩靠的是他律。古有规矩治家，今有规矩立党。我们党历来重视规矩建设，从井冈山上开始逐渐形成的“三大纪律八项注意”，到西柏坡下的“六条规矩”，再到如今的“八项规定”，以及党的十九大对新时代全面从严治党做出的重大部署，这些强调的不都是规矩意识吗！实践证明，每一项规定的提出与落实都在不同历史时期夯实、巩固了我们党政治规矩的根基。

今天，我们怀着恭敬之心来到这里，沐浴在孟子仁义思想的光辉当中，深感规矩对修身、立党、治国的重要性。大家一路走来，仰望泰山气象门、驻足亚圣殿、品读官箴碑、走过“礼门义路”，既领略到孟子高远刚健、勇于担当的大丈夫气概，又体会到他仁政爱民、敢为人先的为民情怀，重温了他关于“修身、齐家、治国、平天下”的

孟府礼门

谆谆教诲，回想起来，句句发人深省，耐人寻味，带给了我们无尽的启迪和思索。

小资料

孟府大堂

孟府位于孟庙的西侧，与孟庙一路之隔，始建于北宋末期，占地30余亩，前后分为七进院落。孟府大堂是孟府的主体建筑，为五楹出厦正厅，建在一片高出院落的方形露台上，两侧竖着精雕的夔龙石栏和青砖花墙绕护的丹墀，东南角设置有一座“日晷”，是古代的计时器；西南角设置有“嘉量”，是标准的度量衡。大堂正中木制暖阁内设公案，背景绘制暗八仙等图案，暖阁两侧陈列着各种执事。

孟府大堂是孟子嫡系世袭翰林院五经博士开读诏旨、接待官员、申饬族规家法以及节日、寿辰举行重要仪式的地方。堂前檐下正中悬挂着清雍正皇帝手书钦赐孟子第六十五代孙孟衍泰的“七篇贻矩”堂匾。门两侧撰有抱柱对联，上联“继往开来私淑千年承燕翼”，下联“居仁由义渊源百代仰先烈”，为著名书法家王学仲先生所题。

曾庙现场教学讲解词

曾庙宗圣殿

重点讲解曾子为政思想

我们面前的这座建筑就是宗圣殿，它是曾庙的主体建筑，建于明正统十年（1445 年），扩建于明万历七年（1579 年）。说起宗圣殿，我们不禁会想，为什么曾子被后人尊为“宗圣”呢？这是因为他上承孔子，下启思孟，在孔子的弟子中，“三千虽多，独得其宗”。他主张的“修身、齐家、治国、平天下”思想，更是成为我们立身处世、为官从政的行动指南。曾子的为政思想集中体现在以下几个方面：

第一，先慎乎德。在曾子看来，“君子先慎乎德……德者本也，财者末也。”君子首先要慎重地修养德行……德行是主干，财富是枝末，“财聚则民散，财散则民聚”。习近平总书记指出：“以德修身、以德立威、以德服众，是干部成长成才的重要因素。”“做官先做人，做人先立德；德乃官之本，为官先修德。”这些方面都是强调，领导干部要做人有人品，做官有官德。先慎乎德，古今一也。

第二，仁为己任。曾子说：“士不可以不弘毅，任重而道远，仁以为己任，不亦重乎？死而后已，不亦远乎？”一个仁人志士以实现仁政德治为己任，任重而道远。他又说：“可以托六尺之孤，可以寄百里之命，临大节而不可夺也。”曾子心目中的君子，就是有远大的

曾庙宗圣殿

理想、有坚强的意志，可以担当重任而永不变节的人。

第三，民好好之。曾子认为，“得众则得国，失众则失国。”那么怎样才能“得众”“得国”呢？曾子强调，“民之所好好之，民之所恶恶之”，心里要始终装着老百姓，百姓所喜欢的就大力提倡、推行，百姓所厌恶的就坚决杜绝，唯此才能顺民意、得民心。如果罔顾民众利益，那注定要失去民心。

第四，见贤而举。曾子主张，举贤荐能，择能而任。曾子说：“见贤而不能举，举而不能先，命也；见不善而不能退，退而不能远，过也。”发现了贤人而不能举荐，举荐了又怕处在自己前面，这是轻慢；发现了恶人而不能斥退，斥退了却不能远离他，这是过错。“举直错诸枉，能使枉者直”，举荐任用正直的人，可以改变社会风气，使不正直的人走上正道。“举直错诸枉”，充分体现了选人用人导向的重要性。

曾子“先慎乎德”“仁为己任”“民好好之”“见贤而举”的政治思想，今天依然有着鲜活的生命力，是为官从政者需要遵循的准则。

小资料

曾庙宗圣殿

曾庙位于嘉祥县城南约 20 公里处的南武山南麓，占地 40 余亩，共有各类建筑 70 余间，分前后三进院落，东、中、西三路布局。

宗圣殿是曾庙的主体建筑，原名“忠孝祠”，始建于周考王十五年（公元前 426 年），明正统十年（1445 年）重建后改称“宗圣殿”，明万历七年（1579 年）扩建至现在规模。大殿面阔 7 间，长 34 米，进深 18.8 米，高 15.3 米，重檐九脊歇山式。大殿飞檐挑角，雕梁画栋。四周回廊中，22 根水磨石柱，门前 2 根平雕云龙。顶覆绿瓦，大脊游龙蜿蜒。殿门上悬清雍正皇帝亲书“道传一贯”匾。殿内祀曾子彩色塑像，冠冕衮服，双手执圭。两侧有他的弟子子思和再传弟子孟子陪祀。

曾庙现场教学讲解词

曾庙三省堂

重点讲解曾子的修身思想

曾子曰："吾日三省吾身。""三省堂"就是由此而来。

"吾日三省吾身"是曾子的一种修身方法，他的修身思想集中体现在《论语》《曾子》和《大学》中，《大学》说："自天子以至于庶人，壹是皆以修身为本，其本乱，而末治者否矣。"那么，如何修身呢？曾子认为应该做到三个方面：省、思、慎。

省，就是善于反省自己。曾子将反省作为自己每天的必修功课，说道："吾日三省吾身：为人谋而不忠乎？与朋友交而不信乎？传不习乎？"意思是说，我每天多次反省自己：为人做事是不是竭尽全力了？与朋友交往是不是做到诚实守信了？老师传授的道理学业是不是付诸实践了？他还说"日旦就业，夕而自省"，意指白天从事工作，晚上反省自己。

思，就是多思考谋划。首先是做人要思，曾子说："君子见利思辱，见恶思诟，嗜欲思耻，忿怒思患。"意思是说，遇见利益就要想到由此可能引起的侮辱，遇到不好的事就要想到可能由此带来的指责，贪恋情欲就要想到可能由此带来的耻辱，发怒就要想到可能由此产生的祸患。人都是有欲望的，事物的本身也都是错综复杂的，都可能面临

曾庙三省堂

各种利害关头，这时我们应作何抉择，要谋定而后动。

其次是做事情要思，曾子说：“君子虑胜气，思而后动，论而后行，行必思言之，言之必思复之，思复之必思无悔言。”考虑事情要做到事前论证，事中检查，事后评估，这反映了做事情应遵循的规律。

慎，就是谨言慎行。这是曾子一贯的为人处事风格，所以他一再强调“君子出言以鄂鄂，行身以战战，亦殆勉于罪也”，他认为谨言慎行可以免于罪祸。曾子在弥留之际，引用《诗经》对弟子说：“‘战战兢兢，如临深渊，如履薄冰’而今而后，吾知免夫！”可见他一生谨慎，慎始慎终。

“慎独”是曾子修身思想的最高境界。《大学》说：“诚于中，形于外，故君子必慎其独也。”一个人内心真诚会流露于言表，所以君子在独自一人时，也会慎重真诚地面对自己的内心。曾子说：“十目所视，十手所指，其严乎！”无论什么时候，都像有无数双眼睛盯着一样，必须要做到慎独。晚清重臣曾国藩遗嘱的第一条就是“慎独”。他在《诫子书》中说：“慎独则心安。”“自修之道，莫难于养心；养心之难，又在慎独。能慎独，则内省不疚，可以对天地质鬼神。”这都是在告诫我们，加强自律关键是在私底下、无人时、细微处能否做到慎独慎微。

总之，“省”，强调的是反躬自省、自我批评；“思”，强调的是深思熟虑、居安思危；“慎”，强调的是防微杜渐、不弃微末。曾子的修身思想对后世影响深远，在今天依然很值得我们借鉴。

小资料

曾庙三省堂

三省堂位于曾庙东跨院内，与宗圣殿平行，始建于明万历七年（1579年），为五间悬山式建筑，面阔12.4米，进深9米，是为纪念曾子“吾日三省吾身”之语而建。三省堂在民国年间倒坍，现存建筑为2003年重建。堂门上悬“三省堂”匾额，为曾氏后裔曾宪梓先生所题。

武氏祠现场教学讲解词

武氏祠汉画像石

重点讲解中华民族文化自信

刚才我们看到的就是武氏祠汉画像石，这是我国最大、保存最完整的汉画像石群，集汉画像石刻艺术之大成，堪称中国古代艺术的旷世精华，被誉为研究中国历史的“百科全书”，以其“神话、经史、现世杂陈混糅的百科画卷”而著称于世。它与同时期的埃及石刻、希腊瓶画一同享誉世界，是全人类不可多得的经典性文化遗产。

武氏祠汉画像石的重要价值体现在哪里呢？

第一，它向我们生动再现了中国古代文明的丰硕成果。武氏祠石刻用画像的形式，生动地展现了从三皇五帝到夏、商、周、秦、汉数千年的历史文明。

先来看这幅远古帝王图，图中依次刻画的是，伏羲女娲、祝融、神农、黄帝、颛顼、帝喾、尧、舜、禹和夏桀。大家来看图中的伏羲女娲，这是传说中人类的始祖，女娲手持规，伏羲手持矩，正所谓“不以规矩，不能成方圆”，可见，在人类初创之始，就已经具备了规矩意识。祝融教会人们使用火，自此人们吃上熟食。神农遍尝百草，教会人们耕作。再看黄帝，根据“榜题”所示：“黄帝多所改作，造兵井田、垂衣裳、立宫宅”，也就是说，自此人们有了自己的田地，有士兵来守卫家园，有了服饰，住进了房子。他们创造了辉煌灿烂的史前文明，带领咱们华夏民族早早地步入了文明时期，屹立在了世界的东方。

石刻中还刻绘了豪华的楼阁燕居图、场面宏大的庖厨宴饮图、浩浩荡荡的车马出行图、轰轰烈烈的狩猎图等等，生动再现了当时经济的发达、社会的富庶，展示了当时世界无以伦比的物质文明。

石刻中的水陆攻战图，不仅描绘了犬牙交错、混乱厮杀的激烈战斗场面，也表现了有条不紊的指挥作战系统。汉代人作战使用的刀、枪、剑、戟、钩、矛、盾等在这里都已出现。据考证，汉代就熟练掌握了用于制造武器的“可锻铸铁”冶炼技术。在世界科技史上，直到1722年，法国人才发明了“白心可锻铸铁”技术，1826年，美国才出现了“黑心可锻铸铁”，都比中国晚了近两千年。

石刻中的北斗星君出巡图，北斗七星整齐排列，四个星组成车舆，三个星组成车辕，星君坐于车内，是对北斗星传说的具体化，子曰：“为政以德，譬如北辰，居其所，而众星共之。”其实，神话传说并非封建迷信。古人根据北斗七星以及众星象的运转规律来制定历法，足见古人天文知识的丰富。我国古代天文历法一直走在世界的前列。《尚书·尧典》载：“期三百有六旬有六日，以闰月定四时，成岁。”那时定岁，既用以366日为一年的阳历，又用辅以闰月的阴历。我们的祖先在春秋时期就知道用十九年七闰月的方法来调整阳历、阴历，这比古希腊人默冬的发现早了170多年。

石刻中有多处乐舞百戏图，其乐舞、建鼓、百戏、六博等画面，展示了当时丰富多彩的民间文化生活。其中的踏鼓乐舞技艺之高超，至今令人叹为观止。武氏祠内的许多作品已成为中国古代艺术的标志

武氏祠汉画像石之水陆攻战图

性图案，联合国水利馆中的大禹塑像也取自这里。可以说，中国古代天文、历法、医学、建筑、交通、纺织、制造等多种科学技术门类，都能够从武氏祠汉画像中找到自己的前身。

第二，它向我们展示了中国孝悌节义等传统美德。武氏祠汉画像中刻有大量的孝子、义士、列女等故事，宣扬孝悌、忠信、节义等传统道德规范，许多故事至今仍广为流传。

闵子骞御车失棰图。闵子骞是孔子的著名弟子，他早年丧母，与继母所生的两个弟弟共同生活。继母虐待闵子骞，给他做冬衣用芦花填充。一次驾车时，他衣单，冻得发抖，马鞭落地。父亲大怒，用马鞭抽他，衣破露出了芦花，才知妻子偏心，一气之下要休妻子。子骞跪地为继母求情，说："母在一子寒，母去三子单。"他的孝行感动了父亲和继母，表现了闵子骞的大仁大孝。

梁节姑姊图。据刘向《列女传》记载，梁节姑姊是梁国一位节烈

武氏祠汉画像石

的女子。家中起火，儿子和侄子都在屋内，梁姑冒死救出一人，发现是儿子，于是不顾邻居阻拦，又冒死去救侄子。画像巧妙地抓住梁姑再次投入火海的瞬间动作，撼人心魄地展现了梁姑在生与死、安与危、义与私之间的道义抉择。

第三，它向我们展示了中国古代修齐治平的治国理念。政治家如何治国理政，在武氏祠画像中也有体现。

大禹和夏桀图。大禹新婚四天离别妻子，带领民众治理洪水，三过家门而不入。图中大禹头戴斗笠，手持耜，完全是劳动人民的形象。他公而忘私，被舜帝确立为继承人。夏桀是夏代亡国之君。画面中的夏桀，肩扛战戈，坐于二妇人之上，刻画了他黩武虐民、荒淫无道的暴君形象，与大禹等圣王们形成鲜明对照。它告诫后人，好战必亡，得民心者得天下，失民心者失天下。

管仲射公子小白图。齐襄公的两个儿子公子纠和公子小白，争做国君。当时公子纠有管仲辅佐，公子小白有鲍叔牙辅佐。管仲曾箭射小白，中其带钩。小白佯死逃脱。后来小白做了齐国国君，即齐桓公。齐桓公在鲍叔牙劝阻下，不但没有杀管仲，还任命他为国相，君臣同心，齐国日益强盛，终成霸业。这幅图告诉我们，治国者要心胸开阔，顾全大局，不计私怨，任人唯贤。

钟离春说齐王图。齐国女子钟离春，貌奇丑，四十岁还没能嫁出去，但德才超群。她到齐宣王那里，自荐要当王后，众人都笑她疯痴，齐宣王却被她陈说的安邦治国之道深深折服，于是立她为王后。齐宣王采纳钟离春的建议，从此齐国日益强盛。画面展示了齐宣王躬身拜钟离春为王后的情景。这告诉我们，善治国者要重德不重色。

武氏祠石刻画像，再现了中华民族深厚的文化底蕴，是提升民族文化自信的最好教材。中华优秀传统文化是中华民族的突出优势，是中华民族自强不息、团结奋进的重要精神支撑，是我们最深厚的文化软实力。今天，面对中华文化之瑰宝武氏祠汉画像石刻，我们有理由进一步树立文化自信，为实现中华民族伟大复兴中国梦而努力奋斗！

小资料

武氏祠

武氏祠位于嘉祥县城南10公里的武翟山村，占地10余亩，始建于东汉桓帝、灵帝时期。武氏指的是东汉末年的武氏家族，较有名的有武梁、武开明、武班、武荣等，是当时的贵族，世代为官。他们的墓葬和祠堂称为武氏墓群，也称武氏祠。

武氏祠石刻是武氏家族墓群中的一组石刻建筑群，现存石阙、石狮各一对，汉碑2块，画像石刻46方。清乾隆时期，著名金石学家黄易等人进行了发掘清理，认为祠有4座，即武梁祠、前石室、后石室、左石室，除将其中的“孔子见老子”一石移置济宁学宫外，皆就地建屋将画像石砌于壁间，外缭石垣，围双阙于内，题门额曰“武氏祠堂”。

武氏祠汉画像石雕刻精湛，内容丰富，是全国规模最大、保存最完整的汉画像石群，对后世的绘画及雕塑影响深远，被誉为研究中国历史的“百科全书”，它与古埃及的金字塔、古希腊的瓶画并称“世界三绝”。

“元圣”周公

周公，姓姬，名旦，是周文王姬昌第四子、周武王姬发的弟弟、周成王姬诵的叔父，因其采邑在周，爵为上公，故称周公。周公为西周政权的建立、巩固和政治制度的创立做出了突出贡献，被后世尊称为“元圣”。

西周初年，周公被分封于鲁。但因周公在镐京辅佐周成王，故派长子伯禽就封，建立鲁国。因周公佐周之殊功，特许伯禽于鲁设立太庙（即曲阜周公庙），以祀远祖。

周公勤政为民、礼贤下士，废寝忘食、呕心沥血，常常“一沐三握发，一饭三吐哺”，建立了卓著功勋，成为后世为政者的典范。其功绩被《尚书大传》概括为：“一年救乱，二年克殷，三年践奄，四年建侯卫，五年营成周，六年制礼作乐，七年致政成王。”自春秋以来，周公被历代统治者和学者视为圣人，是后世儒家学派的奠基人，是孔子最崇敬的古代圣贤之一。

其主要思想为：

以德配天的哲学思想。周公总结并吸取了夏代、商代灭亡的教训，提出了“以德配天”的君权神授说。“‘惟命不于常。’道善则得之，不善则失之矣。”周公认为，“上天”只会把统治人间的“天命”交给那些有“德”者，只有有德者才可承受天命，失德就会失去“天命”。这一思想体现了周公天命哲学的理性精神。

敬德保民的民本思想。“皇天无亲，惟德是辅”，有德才能“祈天永命”，所以要“敬德”。“民之所欲，天必从之”，所以要“保民”。“保民”实际上就是保社稷、保国家，要“顺乎天而应乎人”。周公提出“敬德保民”，是夏商以来从“敬鬼神”到“重人事”的一大转变。

明德慎罚的德治思想。“明德”，就是提倡尚德、敬德，它是慎罚的指导思想和保证。“慎罚”，就是刑法适中，不乱罚无罪，不乱杀无辜。周公在中国历史上第一次明确地把“德”与“刑”结合起来，对后世儒家“德主刑辅”思想的形成产生了极大的影响。

礼乐教化的政治思想。周公制礼作乐，把礼和乐作为安邦治国的两种方式。“礼”强调的是“秩序”，要解决的是天、地、人各安其位的问题；“乐”强调的是“和顺”，要解决的是人心归属的问题。周公设立的周代礼制主要包括：嫡长子继承制，以封邦建国为标志的分封制，宗统与君统相统一的宗法制，处理中央与地方诸侯关系的“畿服制”，以及天子登基之礼、策命礼仪、祭祀礼仪、军礼等等。

儒家圣贤简介

“至圣”孔子

孔子（公元前551年—公元前479年），名丘，字仲尼，春秋时期鲁国（今山东曲阜）人，中国古代著名思想家、教育家、政治家，儒家学派创始人。

孔子的祖先是殷人，后为避宋国之乱迁居鲁国。孔子早年丧父，生活贫苦，由母亲颜氏抚养成人。孔子15岁志于学，30岁学有所成，设教授徒，相传有弟子三千，贤者七十二。孔子51岁从政，历任鲁国中都宰、司空和大司寇。孔子55岁开始周游列国，历时14年，行程数千里，颠沛流离，始终未能实现其政治抱负。孔子68岁回到鲁国，潜心于古文献整理，删《诗》《书》，定《礼》《乐》，序《周易》，作《春秋》，开创了“祖述尧舜，宪章文武”的儒家学派。

其主要思想为：

一以贯之的仁爱思想。“仁”是孔子思想的核心，是其思想体系中“一以贯之”的总纲。“仁”就是“爱人”，其前提是“孝悌”“爱由亲始”“推己及人”，直至仁爱天地间的万事万物。

允执其中的中庸思想。中庸就是“用中”，就是不偏不倚。孔子说：“中庸之为德也，其至矣乎！”他倡导中庸之道，同时意识到用中之难，说：“天下国家可均也，爵禄可辞也，白刃可蹈也，中庸不可能也。”要做到“中庸”，就要具备“毋意，毋必，毋固，毋我”的品格，把握“允执其中”的原则，做到无过、无不及。

有教无类的教育思想。孔子注重启发民智，首创私学，提倡“有教无类”，打破了贵族对教育的垄断。他强调“因材施教”，培养出了众多能“修己以敬”“修己以安人”“修己以安百姓”的仁人君子。

以德治国的为政思想。孔子倡导通过德治使民众自觉地在内心树立行为规范，“道之以德，齐之以礼，有耻且格”。孔子重视为政者德行的示范引领，提出：“为政以德，譬如北辰，居其所而众星共之。”“政者，正也。子帅以正，孰敢不正？”只有为政者以身作则、作风正派，百姓才会心悦诚服。

和谐有序的礼乐思想。礼主“分”，乐主“和”，礼乐相辅相成是社会和谐有序的基础。孔子说：“名不正，则言不顺；言不顺，则事不成；事不成，则礼乐不兴；礼乐不兴，则刑罚不中；刑罚不中，则民无所措手足。”只有遵守先王之道，社会才有可能恢复“礼乐征伐自天子出”的状态，才有机会出现“天下为公，选贤与能，讲信修睦”的“大同”局面。

“复圣”颜子

颜子（公元前521年—公元前481年），名回，字渊，一字子渊，春秋时期鲁国（今山东曲阜）人，是孔子早期弟子颜路之子，小孔子30岁。他出身寒微，却能安贫乐道，孔子称赞他：“贤哉，回也！一箪食，一瓢饮，在陋巷，人不堪其忧，回也不改其乐。贤哉，回也！”他聪敏过人，深思善学，在孔门弟子中悟性最高，对孔子所讲能闻一知十，是孔子最得意的弟子之一。

颜回素以德行著称，严格遵守孔子关于“仁”“礼”的要求，“敏于事而慎于言”。孔子说颜回“三月不违仁”，常称赞他具有君子四德，即强于行义、弱于受谏、怵于待禄、慎于治身。孔子晚年的时候，鲁哀公曾经问他，弟子中有谁好学，孔子说：“有颜回者好学，不迁怒，不贰过。不幸短命死矣，今也则亡，未闻好学者也。”颜回先孔子而逝，葬于曲阜东防山前。孔子对于颜回的早逝极为悲痛，哀叹道：“噫！天丧予，天丧予！”

颜回一生没有做过官，也没有留下传世之作，他的言行多见于《论语》等书。后代对其多有追封。唐宋时期，颜回被追封为“兖公”“兖国公”，元文宗时期被追封为“兖国复圣公”，明嘉靖九年（1530年）被追封为“复圣”。

“宗圣”曾子

曾子（公元前505年—公元前435年），名参，字子舆，春秋末年鲁国南武城（今山东嘉祥）人。他上承孔子，下传思孟，是孔子思想的重要传承者，小孔子46岁。曾子自幼跟随父亲曾皙读书，17岁时投奔正在周游列国的孔子，成为孔子的学生。他勤学好问，对孔子学说融会贯通，在孔子弟子中“三千虽多，独得其宗”。

曾子著述颇丰，他编《论语》，著《曾子》，作《孝经》，传《大学》。他不仅忠实地传承了孔子的思想，而且在孝道、修身等方面有新的建树。后代对其多有追封。唐开元二十七年（739年），曾子被追封为“郕伯”，南宋咸淳三年（1267年）被追封为“郕国公”，元至顺元年（1330年）被追封为“郕国宗圣公”，明嘉靖九年（1530年）被追封为“宗圣”。

其主要思想为：

以孝为本的伦理思想。躬行孝道是曾子做人的基本道德准则。他照料父母“昏定晨省”，敬重父母“不过胜母之闾”，关心父母“不离亲一夕宿于外”。父亲去世后，曾子“每读《丧礼》，泣下沾襟”。他以“天地之间人为大”的人本思想为总纲，把孝作为“天下之大经”，从孝是“仁之本”推衍开去，构建了“孝”的完整理论体系。这一理论体系有血缘亲情的维系和长期教化，使孝文化深深植根于中华民族文化之中。

注重内省的修身思想。曾子把修身看作是实现仁政德治的根本。他以君子为修身标准，就如何说话、做事、待人、交友提出了一系列主张；他把学习、实践与自我反省有机结合作为修身基本方法，强调“爱日以学，及时以行”“日旦就业，夕而自省思”。他“吾日三省吾身”和“慎独”的境界，是人们公认的修身规范；他“冻饿而守仁”“临大节而不可夺”的君子气节，鼓舞着一代又一代仁人志士坚定志向、固守道义。

修齐治平的政治主张。他从“事父可以事君”相推衍，提出了“始于事亲，中于事君，终于立身”的以孝治天下的思想。他以修身为根本环节，提出“格物、致知、诚意、正心、修身、齐家、治国、平天下”，为从政者指明了人生修养的路径。

儒家圣贤简介

“述圣”子思子

子思子（公元前483年—公元前402年），是孔子嫡孙，名伋，字子思。子思的生平事迹已难详考。相传他受业于孔子的高足曾子，早年一度居住在卫国，游学于齐国，困于宋国，晚年返鲁，受鲁穆公尊礼。

子思之父孔鲤早于孔子离开了人世。子思少时就树立了继承祖辈道业的志向，养成了抗节守道、不降其志的品格。他接续家学，尤其继承发展了孔子的中庸思想。《汉书·艺文志》著录《子思》二十三篇，已佚。现存《礼记》中的《中庸》《表记》《坊记》《缁衣》，据学者考证，均为子思所著。子思以“中庸”为自己学说的核心，其思想被他的再传弟子孟子进一步继承和发展，形成了儒家学派中的思孟学派。后代对其多有追封。北宋徽宗年间，子思被追封为“沂水侯”，南宋咸淳三年（1267年）被追封为“沂国公”，元至顺二年（1331年）被追封为“沂国述圣公”，明嘉靖九年（1530年）被追封为“述圣”。

其主要思想为：

至诚的本体论。子思把“诚”作为沟通天人的桥梁。《中庸》说：“诚者，天之道也；诚之者，人之道也。诚者不勉而中，不思而得，从容中道，圣人也。诚之者，择善而固执之者也。”“诚”是天道，努力把握“诚”则是人道。圣人是具有“诚”的人，是达到“天人合一”境界的人。“诚”是本体的体现，所以《中庸》说：“自诚明，谓之性；自明诚，谓之教。诚则明矣，明则诚矣。”

中庸的方法论。子思继承并发展孔子的中庸思想，提出“不偏不倚”“执两用中”的中庸观。“中庸”亦即“用中”，就是执行、施用中道，强调不偏不倚、无过无不及的处事方式与原则。中庸之道体现了“中行”的平衡智慧，提供了积极的“天人合一”和谐理念。这种处事方法使人认识到为人处世要事事适度，避免行为过激。

慎独的修身论。慎独是子思哲学境界修养论的重要组成部分。《中庸》说：“是故君子戒慎乎其所不睹，恐惧乎其所不闻。莫见乎隐，莫显乎微，故君子慎其独也。”慎独是谨慎其所作所为，是内心的专一、虔敬状态。马王堆帛书《五行》明确提出“独也者，舍体也”，将慎独更加精神化、内在化。子思的慎独思想以内在之心为出发点，通贯“五行”，持守“中和”，最终臻于“诚”的境界。慎独是于细微处见真章，于极高明处而道中庸，是子思哲学思想的精华所在。

“合外内之道”的知行观。子思对“德之行”与“行”进行区分，把“仁义礼智”内化为德，强调德的内在性，强调“德”是外在之行的根基，最终实现内化于心、外现于行的“知行合一”。仁义礼智的内化，为孟子性善“四端”思想的提出起了重要的奠基作用，直接开启了孟子的性善论。《中庸》说：“成己，仁也；成物，知也。性之德也，合外内之道也，故时措之宜也。”又说：“君子尊德性而道问学，致广大而尽精微，极高明而道中庸。”子思把成己、成物结合起来，把尊德性与道问学结合起来，是对“合外内之道”的弘扬。

儒家圣贤简介

“亚圣”孟子

孟子（公元前 372 年—公元前 289 年），名轲，字子舆，战国时期邹国（今山东邹城）人。孟子是“鲁公族孟孙氏之后”，后来家道衰微，从鲁国迁居邹国。孟子幼年丧父，由孟母抚育成人。孟母通过“三迁之教”，使孟子最终确立学于“先王之道”的志向。后来，孟子师从于“子思之门人”，并以孔子“私淑弟子”自许。

孟子深得孔子学说真传，一生以“正人心，息邪说，距诐行，放淫辞，以承三圣”为己任，被后世赞誉为“孔子以后一人，功不在禹下”，成为儒家“亚圣”。为了挽救战国时期混乱的社会秩序，孟子收徒讲学、游说诸侯，极力宣扬孔子学说，并对引起思想混乱的异端学说进行猛烈抨击，以匡扶儒道。孟子一生追求“行王道”“施仁政”，晚年退居邹国，专心教授弟子，“与万章之徒序《诗》《书》，述仲尼之意，作《孟子》七篇”。后代对其多有追封。北宋元丰六年（1083 年），孟子被追封为“邹国公”，元至顺元年（1330 年）被追封为“邹国亚圣公”，明嘉靖九年（1530 年）被追封为“亚圣”。

其主要思想为：

人性本善的哲学思想。“性善论”是孟子学说的基础与核心，孟子认为“人皆有不忍人之心”。“人皆有之”的善性是先天固有的，它表现为“仁义礼智”四端：“恻隐之心，仁之端也；羞恶之心，义之端也；辞让之心，礼之端也；是非之心，智之端也。”端就是发端、萌芽。“仁义礼智”四端只是道德的萌芽，一个人只有经过后天的扩充、修养，才能发展成为有道德的君子。孟子的其他学说都以此为基础。

关爱民生的仁政思想。“尧舜之道，不以仁政，不能平治天下。”孟子崇尚先王，崇尚仁政，其精髓在于关注百姓的生存权利，要求统治者“不嗜杀人”“使民以时”“制民之产”“省刑罚，薄税敛”“使民养生丧死无憾也”，然后“谨庠序之教，申之以孝悌之义”，让百姓懂得“父子有亲，君臣有义，夫妇有别，长幼有序，朋友有信”。

保民而王的民本思想。孟子提出“保民而王，莫之能御也”“民为贵，社稷次之，君为轻”“得天下有道，得其民，斯得天下矣。得其民有道，得其心，斯得民矣。得其心有道，所欲与之聚之，所恶勿施尔也”，认为民心的向背决定着政权的存亡。孟子把那些残害百姓的统治者视为“独夫民贼”，予以猛烈抨击。

浩然正气的人格思想。孟子强调人特别是士人的人格尊严。他说，“我善养吾浩然之气”，鼓励人们要做“富贵不能淫，贫贱不能移，威武不能屈”的大丈夫，要有为了天下正义“舍我其谁”的责任意识和“舍生取义”的牺牲精神。

儒家圣贤传承关系

“元圣”周公（生卒年不详），姓姬，名旦，是周文王第四子、周武王之弟、周成王的叔父，鲁国第一位国君伯禽的父亲，是西周早期著名政治家、思想家。周公“敬德保民”“礼乐教化”的治国理政思想，是孔子及后世儒家思想的源头活水。

“至圣”孔子（公元前551年—公元前479年），名丘，字仲尼，春秋时期鲁国人，中国古代著名思想家、教育家、政治家。孔子删《诗》《书》，定《礼》《乐》，序《周易》，作《春秋》，开创了“祖述尧舜，宪章文武”的儒家学派。一以贯之的仁爱思想、和谐有序的礼乐思想、允执其中的中庸思想、以德治国的为政思想、有教无类的教育思想是孔子的核心思想。

“复圣”颜子（公元前521年—公元前481年），名回，字渊，春秋时期鲁国人，是孔子早期弟子颜路之子。他出身寒微，却能安贫乐道，在孔门弟子中悟性最高，对孔子所讲能闻一知十，是孔子最得意的弟子之一。

“宗圣”曾子（公元前505年—公元前435年），名参，字子舆，春秋时期鲁国人。他编《论语》，著《曾子》，作《孝经》，传《大学》，不仅传承了孔子思想，而且在孝道、修身等方面有新的建树。

“述圣”子思子（公元前483年—公元前402年），是孔子嫡孙，名伋，字子思，春秋末期鲁国人。相传他受业于孔子的弟子曾子，继承发展了孔子的中庸思想。其思想被再传弟子孟子进一步发展，形成了儒家学派中的思孟学派。

子思门人

“亚圣”孟子（公元前372年—公元前289年），名轲，字子舆，战国时期邹国人，师从于子思之门人，深得孔子学说真传，被后世赞誉为“孔子以后一人，功不在禹下”。人性本善的哲学思想、关爱民生的仁政思想、保民而王的民本思想、浩然正气的人格思想等是孟子的核心思想。

“四书五经”简介

“四书五经”，是“四书”和“五经”的合称，一向被奉为儒家经典。其中，“四书”指《论语》《孟子》《大学》《中庸》，“五经”指《诗》《书》《礼》《易》《春秋》。据考证，儒家最早奉行的经典还有一部《乐经》，和其他“五经”合称为“六经”，但是这本著作已失传。南宋理学家朱熹将“四书”“五经”整理成为系统书目，并首次使用了“四书五经”的称谓，使其成为后世儒家学派的教科书。我国汉唐时期儒家学子主要进行“五经”的研究，而从宋朝开始，则着重开始研究“四书”。按照朱熹的说法，“四书”的阅读顺序应该是“先读《大学》，以定其规模；次读《论语》，以立其根本；次读《孟子》，以观其发越；次读《中庸》，以求古人之微妙处”。

《论语》是孔子和孔子弟子们的言行录，是孔子死后，由其弟子和再传弟子编集而成。《汉书·艺文志》说：“《论语》者，孔子应答弟子、时人，及弟子相与言而接闻于夫子之语也。当时弟子各有所记，夫子既卒，门人相与辑而论纂，故谓之《论语》。”《论语》记载了孔子及其弟子的言行，涉及哲学、政治、经济、教育等诸多领域，且内容精炼，语言规范。《论语》共20篇，计1.3万余字。

《孟子》是记述孟子思想的著作。《史记》记载，孟子晚年“退而与万章之徒序《诗》《书》，述仲尼之意，作《孟子》七篇”，这就是今传的《孟子》。这部书从文体、称谓看，是以孟子的学生万章、公孙丑平时笔录的孟子言论为基础而加工编定的。全书文气浩荡，风格一致，是出于孟子的润饰。《孟子》分为《梁惠王》《公孙丑》《滕文公》《离娄》《万章》《告子》《尽心》7篇，共3.4万余字。

《大学》最早是《礼记》中的一篇，在朱熹之前从来没有被单独提领出来。经过唐朝的韩愈、李翱和北宋二程（程颢、程颐）的推崇，朱熹才将其单独称“书”，并置于“四书”之首，认为《大学》是学习儒家思想的入门读物。全书共1700余字。

《中庸》最早也是《礼记》中的一篇，是儒家论述人生修养境界的一部道德哲学专著，相传为子思所作。其内容可概括为：以“仁”为指导、以“诚”为基础、以“中庸”为方法的人生哲学，旨在追求人类社会协调和谐地正常发展。全书共3500余字。

《诗经》又称《诗》或《诗三百》。该书共收录汇集了从西周初年到春秋中期五百多年的诗歌305篇，是西周初至春秋中期的诗歌总集，分为“风”“雅”“颂”三部分，是我国最早的诗歌汇编辑录。据考证，《诗经》的编者为孔子。全书计3.9万余字。

《尚书》又称《书》或《书经》，从汉朝开始被称为《尚书》，是我国最早的历史文献，记载了上至尧舜时期下到春秋中期这段时间的历史。司马迁认为此书的编者为孔子。我们常说的“饱读诗书”，其中的“诗书”指的就是《诗经》和《尚书》。《尚书》分为《虞书》《夏书》《商书》《周书》，共2.5万余字。

《礼记》又称《礼》，是儒家学者对战国至西汉时期社会制度、礼仪制度和人们观念继承变化的汇总，是一部儒家思想的资料汇编，根据编者的不同分为《大戴礼记》和《小戴礼记》。“大戴”为西汉理学家戴德，“小戴”戴圣是他的侄子。《小戴礼记》就是我们常见的《礼记》。《礼记》共49篇，计9.9万余字。

《周易》又称《易经》或《易》，自古有“群经之首”的称谓。国学大师陈寅恪更是认为，它是博大精深的中华文化之根本。该经书相传为伏羲所作，最初只有八卦，周文王衍生出了六十四卦，并加注了简单的卦辞，最后由孔子著“十翼”而成《易传》，进一步阐述了《易经》的内容。《周易》分为经和传两部分，共2.4万余字。

《春秋》原是先秦时代各国史书的通称。鲁国的《春秋》经过孔子整理、修订，而成为儒家经典。《春秋》是我国编年体史书之祖，它以鲁国12公为序，起于鲁隐公元年（公元前722年），止于鲁哀公十四年（公元前481年），记载了鲁国242年间的历史。全书共1.8万余字。

儒家经典还有“十三经”之说。其形成过程为：汉立《诗》《书》《易》《礼》《春秋》于学官，为“五经”；唐加《周礼》《仪礼》《公羊传》《谷梁传》为“九经”，至开成年间又加《孝经》《论语》《尔雅》为“十二经”；宋复增《孟子》，因有“十三经”之称。

后　记

2013年11月，习近平总书记视察山东视察济宁，作出了弘扬优秀传统文化的重要指示。济宁是儒家文化的发源地和中华文明的重要发祥地，是孔子、孟子、颜子、曾子、子思子五大圣人的故乡，传统文化底蕴深厚，理应在弘扬优秀传统文化方面担负使命、走在前列。为此，在中组部、山东省委组织部的关心支持和具体指导下，我们充分发挥传统文化资源富集优势，把弘扬优秀传统文化与干部教育培训相结合，坚持经世致用、文以化人，以弘扬优秀传统文化为主线，培育提升干部为政之德，强化干部队伍道德建设。

济宁干部政德教育基地，是山东省委组织部重点打造的干部教育培训特色基地之一。基地建设按照“一院多区”的整体布局，在曲阜市规划建设了济宁干部政德教育学院，在邹城市一体化建设了干部政德教育中心和打造孟子研究院作为儒家文化研修区，在泗水县、嘉祥县开发了尼山圣源书院、曾子研究中心等儒家文化体验区，构建形成了“一院”统领、“多区”联动的干部政德教育培训链条。

干部政德教育基地坚持优秀传统文化创造性转化、创新性发展的“双创”方针，着力将其中蕴含的治国理政智慧转化提升为滋养干部为政之德的思想活水，科学安排教学内容、优化培训体系，初步建立起课堂教学、现场教学、体验教学、礼乐教学“四位一体”的教学体系，并针对实际组合形成短期、中期、长期不同教学模块，以满足不同班次培训需求。

现场教学作为教学体系的重要组成部分，是课堂教学的延伸和拓展。我们以儒家“修身、齐家、治国、平天下”为主线，依托曲阜“三孔”、颜庙、周公庙和邹城“两孟”、嘉祥曾庙以及孔子研究院等，着力开发了20多处现场教学点，结合实情实景实物，分别讲述儒家仁政思想、修身思想、规矩之道等修德为政智慧。学员普遍反映，现场教学形象、生动，具有较强的冲击力、感染力，对深刻理解、感悟儒家为政以德等思想的精髓要义大有裨益，不断建议把现场教学讲解词编辑成册，将其作为配套学习资料，以帮助学员更好地学习领会、巩固提高。

2016年7月，山东省委组织部在济宁召开干部政德教育教学体系建设专题研讨会，来自中组部、中央党校、国家行政学院、中国浦东干部学院、中国井冈山干部学院、中国延安干部学院、清华大学等方面的领导和专家学者，对包括现场教学在内的教学体系建设进行了深入探讨，提出了很多宝贵的意见建议。在此基础上，我们进行了全面系统的修改、试讲和再修改。去年以来，围绕贯彻党的十九大精神和习近平总书记关于“领导干部要讲政德”的重要讲话、重要指示精神，我们又组织对现场教学讲解词进行了数次修改完善，终成此稿。

编印《干部政德教育现场教学讲解词》还是一项初步探索，由于能力水平所限，粗浅和疏漏之处在所难免，恳请读者给予批评指正，提出宝贵意见，以帮助我们进一步完善提升。撰写过程中，参考借鉴了有关高校、儒学研究机构等众多专家学者的诸多重要文献和权威观点，也吸纳了各方面领导、学员和现场教学教员等的意见建议。在此，一并表示感谢！

编　者

二〇一八年六月

为政以德
譬如北辰
居其所而众星共之

——《论语·为政》

图书在版编目（CIP）数据

干部政德教育现场教学讲解词 / 济宁干部政德教育学院编. —济南：齐鲁书社，2017.4（2018.8重印）
ISBN 978-7-5333-3755-1

Ⅰ. ①干… Ⅱ. ①济… Ⅲ. ①干部－道德修养－中国－学习参考资料 Ⅳ. ①D630.3

中国版本图书馆CIP数据核字（2017）第074310号

干部政德教育现场教学讲解词
GANBU ZHENGDE JIAOYU XIANCHANG JIAOXUE JIANGJIECI

济宁干部政德教育学院　编

主管部门	山东出版传媒股份有限公司
出版发行	齊魯書社
社　　址	济南市英雄山路 189 号
邮　　编	250002
网　　址	www.qlss.com.cn
电子邮箱	qilupress@126.com
印　　刷	山东临沂新华印刷物流集团有限责任公司
开　　本	720mm × 1020mm　1/16
印　　张	7.25
插　　页	4
字　　数	100 千
版　　次	2017 年 4 月第 1 版
印　　次	2018 年 8 月第 2 次印刷
标准书号	ISBN 978-7-5333-3755-1
定　　价	26.00元